精明人
聰明人
明白人

態度決定你的成敗

趙希俊◎著

目錄

自序……06

PART 1 成敗第一步：創造機會

◆只會幻想的人沒有真正的機會……10
◆勿因多疑而喪失機會……13
◆機不可失，時不再來……19
◆千方百計抓住時機……21
◆作出明智決斷……29
◆將缺點轉化成機會……36
◆鋒芒內斂，聰明戰勝精明……38

PART 2 成敗第二步：目標專注

◆勿因出風頭而行動……42
◆精明人失敗的常見原因……45
◆從失敗中汲取教訓……54

◆腳踏實地，就是成功捷徑 56
◆邁出第一步，就是靠近成功的一大步 58
◆成功非一步登天 60
◆持之以恆挑戰挫折 62
◆勤奮專注是成功的根本 65

PART 3 成敗第三步：精益求精

◆贏得更多時間的技巧 70
◆多用腦子，提高工作效率 77
◆自我推銷，成功有術 80
◆放下架子，從基礎做起 87
◆感悟工作的意義 90
◆給別人「積極」的印象 96
◆注重團隊意識 102
◆隨時懷有一顆「進取心」 105
◆建立知識結構 108
◆培養組織管理能力 115
◆從工作中尋找樂趣 122

PART 4

成敗第四步：致富有理

◆靠頭腦的靈活賺錢……128
◆把星星賣出去？……130
◆好的構想就是財富……132
◆狡黠和技術的制勝之方……134
◆追求最大利潤……136
◆要賺大錢僅有精明是不夠的……139
◆目光遠大才能賺大錢……141
◆先賠後賺？……143
◆吃虧賠錢也要講求信譽……145
◆在別人不願做的小商品上下功夫……149
◆人際關係是最重要的資產……154
◆先設想，而後努力付諸實踐……157
◆有積極心態就是一個聰明人……160
◆自信帶來成功……163
◆思維決定成敗……165
◆培養富裕的智慧……168

PART 5 成敗第五步：達觀對待得失

◆正確的金錢觀 …… 180
◆有錢不一定受人尊敬 …… 183
◆勤儉精神值得提倡 …… 185
◆精明人的理財之道 …… 186
◆聰明人的理財秘訣 …… 191
◆聰明人的積極理財方式 …… 194
◆把錢花在刀口上 …… 197
◆花錢提高生活的情趣和意義 …… 202
◆達觀地對待得失 …… 205
◆丟掉多餘的東西 …… 206
◆學會放棄 …… 208
◆肯付出金錢才能成為明白人 …… 210
◆名利都是身外之物 …… 213
◆給生命留些空白 …… 215

自序

學會做人是非常重要的。古今中外無數大小人物的經歷告訴我們：為人處世必須講究方法，否則，就會處處樹敵、事事碰壁。而掌握了為人處世的方法，經營事業和人生，才能達到無往不利、游刃有餘的高超境界。

做人也有不同的品位和境界。在生活中最受人矚目的是這樣三種人：精明人、聰明人和明白人。因為他們的頭腦都比較靈活，最容易取得或大或小的成績，因此經常成為世人津津樂道和暗暗效法的目標。

也許有人會認為精明人、聰明人和明白人都是一回事，他們之間沒有本質的區別。其實這種看法是不正確的，我們不妨先在這裡澄清一下概念。

「精明」從字面理解就是「精幹聰明」，有時有「狡猾」的成分。精明人往往頭腦靈活，精打細算；能說會道，善於表白自己；鋒芒畢露，爭強好鬥，愛出風頭；喜歡占便宜，有時會急功近利、唯利是圖；耍小聰明，搞小動作，搬弄是非；他們一般自我感覺良好，時有才高八斗、懷才不遇的衝動；容易患得患失，情緒波動很大。他們是生活中比較活躍的一群，但這些人中很少有取得傑出成就而令世人敬仰的。

「聰明」從字面理解就是「聰慧、明智、有才華」的意思。聰明人大都能正確認識自己，善於控制、調節自己；才華不外露，鋒芒內斂；目光遠大，善於權衡利弊，注重長遠利益，不爭一時的先後、長短；自信心強；能夠專注於一地做一件事；注重人際關係；為人處世講求方法和技巧。在任何時代，聰明人總是少數，但他們是人群中的中堅力量，人類社會歷史的更迭都是依靠這部分人促成的，他們在生活中往往非常引人注目。

「明白」從字面理解就是「聰明、懂道理」。明白人是對「知事明理者」的通俗稱呼。這類人往往大智若愚，善於藏拙；崇尚簡單平實，主張返璞歸真；世事通曉，性格豁達；淡泊明志，進退自如，寵辱不驚，心靜如水；對身邊發生的一切，處之泰然，視功名利祿如糞土，不與世俗同流；即使在動盪的社會中，明白人也往往能獨善其身。明白人總是很少的，他們在生活中有時沒有聰明人招眼，但他們的名聲和得到世人的尊敬往往非常持久。

精明人、聰明人和明白人代表做人的三個不同層次。我們學做人，就盡量學做一個明白人。當然這並不是每個人都能達到的做人境界；如果由於個人素質和環境等原因，不能做一個明白人，那就做一個聰明人；再退一步說，如果做不成明白人，就做一個聰明的精明人盡可能發揮其優點，克服其缺點。

Part 1

成敗第一步

創造機會

只會幻想的人沒有眞正的機會

勿因多疑而喪失機會

機不可失，時不再來

千方百計抓住時機

作出明智決斷

將缺點轉化成機會

鋒芒內斂，聰明戰勝精明

只會幻想的人沒有真正的機會

有一位名叫西爾維亞的美國女孩，她的父親是波士頓有名的整形外科醫生，母親在一家著名的大學擔任教授。西爾維亞認為自己的家庭今後會幫助和支持她，她完全有機會實現自己的理想。西爾維亞從念中學的時候起，就一直夢寐以求地想當電視節目的主持人，她覺得自己具有這方面的才幹，因為每當她和別人相處時，即使是陌生人也都願意親近她並和她長談，她知道怎樣從人家嘴裡「掏出心裡話」，她的朋友們稱她是「親密的隨身精神醫生」。她自己常說：「只要有人願給我一次電視機會，我相信一定能成功。」

但是，西爾維亞為達到這個理想而做了些什麼呢？其實什麼也沒有！她在等待奇跡出現，希望一下子就當上電視節目的主持人。

西爾維亞不切實際地期待著，結果什麼奇跡也沒有出現。

誰也不會請一個毫無經驗的人去擔任電視節目主持人，而且節目的主管也沒有興趣跑到外面去搜尋天才，都是別人去找他們。

另一個名叫欣蒂的女孩卻實現了西爾維亞的理想，成為一位著名的電視節目主持人。欣蒂之所以會成功，就是因為她知道「天下沒有白吃的午餐」，一切成功都要靠自己的努力去爭取。她不像西爾維亞那樣有可靠的經濟來源，所以沒有白白地等待機會出現。她白天去做工，晚上在大學的舞台藝術系上夜校。畢業之後，她開始謀職，跑遍了洛杉磯每一個廣播電台和電視台，但是每個地方的經理對她的答覆都差不多：「不是已經有幾年經驗的人，我們是不會僱用的。」

但是，她不願意退縮，也沒有等待機會，而是走出去尋找機會。她一連幾個月仔細閱讀廣播電視方面的雜誌，最後終於看到一則招聘廣告：北達科塔州有一家很小的電視台招聘一名預報天氣的女孩子。

欣蒂是加州人，不喜歡北方，但是有沒有陽光、是不是下雨都沒有關係，她希望找到一份和電視有關的職業，做什麼都行！她抓住這個工作機會，動身去北達科塔州。

欣蒂在那裡工作了兩年，最後又在洛杉磯的電視台找到了一份工作。過了五年，她終於得到提升，成為她夢想已久的節目主持人。

為什麼西爾維亞失敗了，而欣蒂卻如願以償呢？因為這兩個人是不同類型的人：西爾維亞是一個頭腦靈活的精明人；欣蒂是一個腳踏實地的聰明人。西爾維亞那種失敗者的思路和欣蒂這成功者的觀點正好背道而馳，分歧點就是：西爾維亞在十年當中，一直停留在幻想之中坐等機會；而欣蒂則是採取主動，最後終於實現了理想。

勿因多疑而喪失機會

拿破崙是一個以「好鬥」而著稱的精明人。

當拿破崙在歐洲大陸多次取得勝利之後，法國的國力強大了。此時，他所剩下的最大勁敵就是隔著英吉利海峽的「海上霸王」英國了。

那時，法國的海上力量簡直無法與英國相比。精明的拿破崙很清楚，沒有制海權而攻打英國，那將是自取滅亡。

此時此刻，有三種選擇在拿破崙腦子裡盤旋：第一，表面上作出入侵英國的樣子，實際上放棄征伐英國的計畫；第二，把全部人力物力集中於萊茵河地區，以便從英國手中奪取歐洲貿易中心漢諾威和漢堡；第三，進行旨在扼制英國商業和貿易的東征，奪取埃及和印度。拿破崙斷定第三個辦法是最可取的。一七九七年十月十日，他在給督政府塔列諾的信中稱：向英國的東方貿易開戰，那裡將是「更為宏偉、更為必要和更為光輝燦爛的戰場」，「如果我們迫使英國政府媾和，我們將在東、西兩半球的貿易上獲得好處。」

一七九八年五月十九日，拿破崙親自率領浩浩蕩蕩的遠征艦隊開始東征，輕取「馬耳他騎士團」，奪得大量金銀珠寶，占領亞歷山大港和埃及，不論在軍事上，還是在爭取民心上，均可獲得很大勝利。

八月一日晚，在距亞歷山大港不遠的阿布基爾海灣，拿破崙的遠征艦隊遭到英國納爾遜艦隊的突然伏擊，旗艦「東方號」大爆炸，艦隊幾乎全部覆沒，近六千名海軍戰士陣亡和被俘。

拿破崙軍隊的後路被截斷，因而困在埃及的土地上。英國納爾遜海軍上將估計：敵人已經疲憊不堪，正在徒勞地伺機逃跑，逃出這塊不毛之地。納爾遜故意釋放法國的戰俘，讓他們登上埃及的海岸歸隊，以增加拿破崙在補給上的困難。

但是，納爾遜的如意算盤打錯了，拿破崙的軍隊不僅在埃及突破重圍，還在一年之後勝利地返回法國，奪取了法國的最高權力。

什麼原因使拿破崙這種侵略性的掠奪戰爭竟獲得了成功呢？這與他的精明有著極大的關係。

遠征之前，拿破崙就如饑似渴地致力於神祕的東方文明探索，包括宗教、民族風俗等等。他專門聽化學家貝托萊的講課，以增加科學知識。

當拿破崙採取中心突破的戰術，擊敗以海盜為首的「馬耳他騎士團」後，繳獲了大量的不義之財，從而大大地擴充了他們的遠征軍費。

與此同時，拿破崙的軍隊雖然只在當地逗留了七天時間，卻為馬耳他島上的人民修理街道、建造噴泉、改組醫院和郵局、興辦學校、留下教員幫助授課、保護教堂等，在當地人心中留下了美好的印象。

拿破崙稱霸的野心，使法英之間的矛盾空前激化，一八〇三年，戰爭的陰霾再次籠罩在英法兩國的上空。

此時的法國，領土擴大，財力富足，軍隊組織良好，又有拿破崙這樣的天才統帥。此時的英國，已經開始喪失進攻能力，決定採取一切措施，防止拿破崙在英國海岸登陸。

為了越過這條英吉利海峽，拿破崙所走的依然是一條傳統擴充海軍數量的道路。為擴充軍費，他一方面對內實行橫徵暴斂，並揚言：「如果有人膽敢造反，我絞死他五、六個，其他人就都會繳稅了。」對外，他命令荷蘭交出全部戰艦和數以萬計的軍隊，強迫西班牙、葡萄牙每月捐獻巨款，使歐洲大陸的內外矛盾大大激化。

一八〇三年十一月廿三日，拿破崙寫信給他的土倫船隊海軍將官岡托姆，聲稱北部沿海很快會有一千三百艘平底船，可載十萬人登陸，可以利用荷蘭船隊載六萬人。他在信中盲目樂觀道：「我們只要有八小時黑夜的掩護，就可以決定世界的命運了。」

面對著法國的威脅，英國早已進行了扎扎實實的備戰，以先進技術武裝的龐大戰列艦，依然穩操著制海權，並死死地封鎖著法國的重要港口。一八〇四年四月，英國首相威廉皮特宣布全國總動員，強迫十七歲至五十五歲的男人接受軍訓，並開始大量徵兵。英國自知陸地武器力量很差，於是把全部賭注押在海上。兩年內，他們的戰列艦從五十多艘增加到一百一十五艘，嚴陣以待。

一八〇四年到一八〇五年的對英海戰證明，拿破崙這些技術落後的艦隊，絕大部分在未戰之先，就被英吉利海峽惡劣的氣候所毀，幾乎不戰自潰。

這一失敗迫使拿破崙不得不放棄征服英國的冒險，決定揮師東征，征服歐洲大陸。不過，他的願望已經無法實現，歐洲形成「反法聯盟」的趨勢已經不可逆轉了。此後，拿破崙不得不節節敗退，最後走上覆滅的命運。

拿破崙對英海戰失敗的原因有多方說法，但其中一個重要的原因就是他的精明使他對一個關鍵人物產生了懷疑，從而忽視了新科技的發展。

一八〇三年，年輕的美國發明家傅爾頓，在塞納河上建造了第一艘以蒸汽機為動力的輪船。這年八月，當他獲悉拿破崙要越過英吉利海峽對英作戰時，興致勃勃地前來推銷自己的新產品蒸汽動力船。如果不是他在滔滔不絕中失口說錯了一句話，拿破崙也許會採納他的建議。果真如此，拿破崙的後半生及法國的歷史將要重寫。

當時，拿破崙的海軍已堪稱強大，但這些艦船大都是木製結構的，航行基本上靠風帆作動力。而他的對手英國人，卻早已用上了蒸汽驅動船，這使拿破崙與英軍統帥納爾遜對陣時，常常感到英雄氣短。拿破崙在此之前已經聽說傅爾頓的蒸汽船在塞納河上演示時出了洋相，但這種全新動力的海上裝置還是讓拿破崙很感興趣。

傅爾頓滔滔不絕地說：「一台二十馬力的蒸汽機抵得上二十面鼓滿的風帆，陛下的艦隊再也不必呆在港口裡等待好天氣再出航，到那時，不要說是納爾遜，就是兔子，也跑不過陛下。當您旗開得勝的時候，陛下將是這個世界上的巨人了」傅爾頓一不留神說走了嘴，觸到了拿破崙最忌諱的身材高矮的問題，這就好比當著禿子說燈亮，剛才還在認真傾聽的拿破崙頓時沉了臉，他打斷傅爾頓的話說道：「你只說船快，卻隻字不提鐵板、蒸汽機和煤的重量，我不說你是個騙子，你也是個十足的傻瓜！」

也許，拿破崙拒絕傅爾頓的理由有很多，但這個理由卻最能體現他的性格特徵。

一八一二年，英國人購買了傅爾頓的輪船專利，十九世紀四〇年代，船側輪槳逐漸被更先進的船尾螺旋槳取代，英國的海上霸權以它的船堅炮利得到了鞏固，而法國則被遠遠地甩到了後面。

後來的軍事評論家這樣說道：如果拿破崙當時稍微動一下腦筋，接受傅爾頓的建議，建立一支強大的蒸汽機艦隊，那麼英國將被打敗，而十九世紀以後的歐洲歷史將完全是另一個樣子。

甚至可以說，正是由於拿破崙的「精明」，才發現傅爾頓的「漏洞」，因此不相信「軍艦沒有帆能航行」，所以把傅爾頓當成了騙子，沒有把握住發展艦隊的機會，這導致了後來的失敗。如果他聰明些，歐洲的現存狀態和格局就可能完全不同了。

機不可失，時不再來

袁尚、袁熙兄弟在其父袁紹被曹操在官渡打敗後，逃往遼東，這時他們還有幾千人馬。最初，遼東太守公孫康依仗他的地盤遠離京城而不服朝廷管轄，有人勸曹操征討遼東，同時擒拿袁氏兄弟，曹操說：「我正要使公孫康斬二袁的頭送來，不需要用兵。」過了些日子，公孫康果然斬了袁尚、袁熙，將首級送來，眾將問曹操這是什麼原因，曹操說：「公孫康素來害怕袁尚、袁熙兄弟，我如果急於征討他，他就會同袁尚等聯合起來抵抗我們，緩一段時間，他們會自相矛盾，這種矛盾會使公孫康殺了二袁。」

曹操東征劉備時，人們議論紛紛，擔心出師後，袁紹從後方襲來，使得曹軍進不能戰，退又失去了依據的地盤。曹操說：「袁紹的習性遲鈍而又多疑，不會迅速來襲擊我們。劉備剛剛發跡，人心還未完全歸順於他，我們抓住時機攻打他，他必敗。這是生死存亡的關鍵時刻，不可喪失時機。」於是，決心出師東征劉備。

田豐勸袁紹說：「虎正在捕鹿，熊進入了虎窩而撲虎子。老虎進不得鹿，退得不到虎子。現在曹操征伐劉備，國內空了。將軍有長戟百萬，騎兵千群，率軍直取許昌，搗毀曹操的老窩，百萬雄師，自天而降，好像舉烈火去燒茅草，又如傾滄海之水澆漂浮的炭火，能消滅不了他嗎？兵機的變化在須臾之間，戰鼓一響，勝利在望。曹操聽到我們攻下許昌，必然會丟掉劉備而返回許昌。我們占據了城內，劉備在外面攻打，反賊曹操的腦袋，一定會懸掛在將軍的戰旗竿上。如果失去了這個機會，曹操歸國之後，休養生息，積存糧食，招攬人才，就會是另一種狀況。現在大漢國運衰敗，綱紀鬆弛，曹操以他凶狠的本性，用他飛揚跋扈的勢力，放縱他虎狼的慾望，釀成篡逆的陰謀，那時，即使有百萬大兵攻打他，也不會成功。」而袁紹聽後，卻以兒子有病來推辭此事，不肯發兵。田豐用枴杖敲著地嘆道：「遇到這樣好的機會，卻因為嬰兒的緣故而失去了，可惜呀可惜！」

曹操可以說是一個聰明人，他的預見力和判斷力遠勝於袁紹，這是二人在戰爭中成敗得失不同的根本原因。

千方百計抓住時機

一個人的競爭能力如何，往往就看其是否善於抓住迎面而來的機會。善抓時機是非常重要的，這是奪得事業成功必不可少的因素。能否抓住這樣的時機，是一個人一生事業成敗的關鍵。聰明人總是善於抓住時機，他們特別重視從以下幾個方面來努力：

1、認識時機

對於聰明人來說，生活中到處都有時機問題。運動場上，抓住時機，則金牌垂胸；疆場對陣，抓住時機，則贏得勝利；科壇奪魁，抓住時機，則獨占鰲頭。人才是時代的產兒，但是在同一時代、同樣條件下，不同的人發揮的作用有時會有天壤之別，除了其他條件之外，關鍵在於能否認清時代、抓住機會，只有當人們不失時機地認識和利用這種歷史條件，才能取得成果。當達爾文了解到進化論學說「一旦普遍被採納以後，我們就可以隱約地預見在自然史中將掀起重大的革命」，「一片廣大而尚無人跡的研究領域將被開闢」，之後，他選擇這一目標，並付出了幾十年的心血，終於取得顯著的成果。

2、看準時機

聰明人知道，看準時機是成功的真諦。美國學者阿瑟・戈森曾問著名演員查爾斯・科伯恩：「一個人如果想要在生活中獲得成功，需要的是什麼？大腦？精力？還是教育？」

查爾斯搖搖頭，「這些東西都可以幫助你成功。但是我覺得有一件事甚至更為重要，那就是：看準時機。」他解釋說，演員在舞台上，是行動或者按兵不動，或是說話或者緘默不語，都要看準時機。「在舞台上，每個演員都知道，把握時機是最重要的因素。我相信在生活中它也是個關鍵。如果你掌握了審時度勢的藝術，在你的婚姻、你的工作以及你與他人的關係上，就不必去追求幸福和成功，它們會自動找上門來的！」

阿瑟・戈森曾一針見血地指出：「有多少生活中的不幸和壞運氣，只不過是沒有看準時機！」

3、尋找時機

尋找時機，既要敢於冒險，也要有自知之明。聰明人知道根據自己的條件與可能的具體情況，決定怎樣努力。日本一位青年心理學專家指出：「青年在不能確認自己的情況下，所進行的活動和實踐，只能是一種逃避和消遣。從這個意義上說，青年必須從正視和分析此時此地的我開始。」所謂「確認自己」，也就是認識自己。認識自己是認識機會的先決條件。有志於做一番事業的青年人，都渴望在社會中實現自身的價值。我們日常所說的確定奮鬥目標，實際上就是依據自己的價值觀念，考察自身價值到底在哪一領域中才能得以最充分的體現，從而確定自己的最佳發展方向。這一考察過程當然需要學識與經驗，然而，更需要的卻是勇氣有敢於面對人生、敢於無情地解剖自己、敢於對自己講真話的勇氣。

人的一生，總是有幾個大的轉機的。大的轉機，必有大的變化；沒有大變化，也就沒有大的發展；要有大發展，就要善於抓住時機。哲學家培根說過：「造成一個人幸運的，恰恰是他自己。」

他還說過：「幸運的機會好像銀河，它們作為個體是不顯眼的，但作為整體卻光輝燦爛。」只有像聰明人一樣抓住一個個「不顯眼」的時機，才能獲得光輝燦爛的成功。

4、把握時機

在人生的旅途上，一次偶然的機會，導致了偉大而深刻的發現，使科學家因此成名；一個突如其來的機會，使有的人大展才華，做出了一番驚天動地的事業，從而名垂青史；甚至一次意外的事變，竟影響了一個人的整個生涯，對他的發展起著轉機作用 凡此種種，在實際生活中都是常有的。

聰明人相信，經過個人的努力，時機是可以把握的。「愚蠢的人等待機會，聰明的人創造機會」。時機雖受各種因素的綜合影響，但無論如何，有一點是可以肯定的：經過個人的努力，時機是可以把握的。美國有位學者曾通過對奧林匹克運動員、總經理、航員、政府首腦以及其他獲得成功者的多年探訪，逐漸認識到成功者絕非因為特權環境、高智商、良好教育或異常天賦的結果，同樣也不是一時走運，而是由於他們對自己的行為負責；認識自己的才能，追求自己的目標；迎接挑戰，適應生活。他把這三點稱之為「成功者的優勢度」，是成功者與普通人之間存在著的一種微妙的差別。有的精明人天賦甚高，卻恃才自傲而缺乏行動，喪失了不知多少成就事業的良緣。有的人在一時走運、初見成果後，便陶醉於快樂而忘記自己面臨更多的機會，難成大器。唯有那些創造奇跡之後，忘記快樂，仍清醒地面對和選擇無限的可能性的聰明人，才能成就大事。

5、創造時機

經常聽到一些人埋怨機會不佳、命運不公，總覺得自己碰不到機會。每每看到別人的成功，總是歸結為「運氣好」，實際上，機會對每一個人都是公平的。

聰明人指出，凡是成大功、立大業的人，往往不是那些幸運之神的寵兒，反而是那些「沒有機會」的苦命孩子。

在人類歷史中，沒有一件事比人們從困苦中成就功名的事例更為吸引人了——人們怎樣從黑暗的夜晚達到光明？怎樣脫離於痛苦、貧困之中？他們雖只有中等之資，但由於堅強的意志、不斷地努力而終於達到目的。

亞歷山大在攻克了敵人的一座城市之後，有人問他：「假使有機會，你想不想把第二個城市攻占了？」

「什麼？」他怒吼出來，「我不需要機會！我可以製造機會！」

「沒有機會」永遠是那些失敗者的遁詞，不信隨便問一個失敗者，他們大多數的人會告訴你，自己之所以失敗，是因為得不到像別人那樣好的機會因為沒有人幫助他們，沒有人提拔他們。他們也會對你說：「好的職位已經額滿了，高等的職位已被霸占了，所有的好機會都已被他人捷足先登，所以我們是毫無機會了。」

聰明人總是告訴自己：沒有機會也要創造機會！

第二次世界大戰的硝煙剛剛散盡時，以美英法為首的戰勝國幾經磋商，決定在美國紐約成立一個協調處理世界事務的聯合國。一切準備就緒之後，大家才發現，這個全球至高無上、最權威的世界性組織，竟沒有自己的立足之地。

買一塊地皮吧，剛剛成立的聯合國機構還身無分文。讓世界各國籌資吧，牌子剛剛掛起，就要向世界各國搞經濟攤派，負面影響太大。況且剛剛經歷了二次世界大戰的浩劫，各國政府都財庫空虛，甚至許多國家財政赤字居高不下。聯合國對此一籌莫展。

聽到這一消息後，美國著名的家族財團洛克斐勒家族經過商議，馬上果斷出資八百七十萬美元，在紐約買下一塊地皮，將這塊地皮無條件地贈予聯合國。同時，洛克斐勒家族亦將毗連這塊地皮的大面積地皮全部買下。

對洛克斐勒家族的這一出人意料之舉，當時許多美國大財團都吃驚不已，八百七十萬美元，對於戰後經濟萎靡的美國和全世界，都是一筆不小的數目呀！而洛克斐勒家族卻將它拱手贈出了，並且什麼條件也沒有。這條消息傳出後，美國許多財團和地產商都紛紛嘲笑說：「這簡直是蠢人之舉。」並紛紛斷言：「這樣經營不要十年，著名的洛克斐勒家族財團，便會淪落為著名的洛克斐勒家族貧民集團。」

但出人意料的是，聯合國大樓剛建成完工，毗鄰它四周的地價便立刻飆升起來，相當於捐贈款數十倍、近百倍的巨額財富源源不斷地湧進了洛克斐勒家族財團。這種結局令那些曾譏諷和嘲笑過洛克斐勒家族捐贈之舉的商人們目瞪口呆。

聰明人知道，其實有許多時候，贈予也是一種經營之道。有捨有得，只有捨去，才能得到。「善於權衡大小，注重長遠利益，不爭一時的得失」正是聰明人的特徵，他們也常常因此為自己創造出更多的機會。

這裡有一點十分關鍵：你是被動地、消極地等待機遇，還是主動地去追求？等待機遇不像是等班車，時間到車就來，機遇要看你的等待狀況如何。是不是碰上了機運？是不是捉住了機運？是不是失落了機運？是不是再也沒有機運？這些都是一種現象。而實質問題在於你是否在認真地準備著、在刻意地追求著。

作出明智決斷

明白人懂得，決斷並非一意孤行的「盲斷」，也非逞一時之快的「妄斷」，更非一手遮天的「專斷」。決斷除了要有客觀的事實根據、見解高超的預見性眼光外，同時更要有決心與魄力。人生充滿了選擇，不管是讀書、創業或婚姻，我們總要在幾個可供選擇的方案中，作一賭注式的決斷。對於我們所選擇的結果究竟是好是壞，也往往沒有明確的答案。機會難得，想再回頭重新來，是絕不可能的。因此，我們可以說：決斷是能否贏得各種考驗的關鍵。

1、英明的決斷是抓住機會的保障

明白人知道，凡是成功立業者，在其人生的旅途中，很少有能一步登天的。他們憑藉著機智與眼光，在充滿困難與挫折、失敗的環境中作出扭轉乾坤的決定，終於柳暗花明，攀登上事業的頂峰。

傳說中「機會之神」全身赤裸，滑溜溜的很不容易抓住，只是他光禿禿的頭上有一小撮頭髮，人們僅能在他轉身的瞬間，及時抓住他的頭髮，才能把他留下。

其實，上天並未特別眷顧那些抓住「機會之神」的幸運者，只不過他們聰明、頭腦靈活、用心良苦，一再對問題苦思對策，因而參悟玄機，獲得「機會之神」的青睞。

2、必須有自己獨到的見識

一般而言，創業者所面臨的問題都是多元的。單純的問題或是例行公事，只要有相當的常識與經驗，就可駕輕就熟，妥善地加以處理。至於錯綜複雜、牽涉較廣的問題，除了要具備專業知識的素養外，更要有整體的策略性思考。既不能被眼前的壓力所懾服，又不被利害關係所迷惑，而要秉持公平、客觀的態度，作應有的理性分析。因此，有自己獨到的見識相當重要。

在台灣，天仁茗茶創業已有三十多年。當年，李瑞河先生為了選擇開業的地點，曾花了一番心思。有人建議他在台南縣的佳里鎮、麻豆鎮開業，因為此地尚無茶莊，競爭壓力小，容易捷足先登。李瑞河先生對此事一時也拿不定主意。

就在他舉棋不定之際，有一天，他到麻豆、善化一帶了解市場，傍晚時分回到台南市，正好路過天仁兒童樂園，他就到園內涼亭休息，心裡還在盤算著何處開業的問題，很是憂煩。突然間，他眼前一亮，看到一個「奇特」的景象：很多人擠在花園旁的小魚池釣魚，旁邊另一個大池卻只有兩三個人，顯得非常冷清。

原來大池魚少，小池魚多，儘管大家拚命擠在小魚池，但卻不斷有人釣到魚。他於是聯想到之所以台南市有那麼多的茶莊，台南縣各鄉鎮反而那麼少，道理極其淺顯。因為都市居民消費能力強，喝茶的風氣盛行，加上幾家茶行的釣餌部署已久，自然聚集相當多的茶客。而麻豆、佳里鄉仍然充滿著農村社會的生活習慣，他們都不講求奢侈的喝茶享受。

由於釣魚池的啟示，他不再遲疑，信心十足地踏出事業的第一步，果然一鳴驚人。基於這種成功的經驗，以後他都選大城鎮的繁華地區開設分店，開創了台灣連鎖經營的先河。

由此可知，李瑞河先生是一個聰明人，他具有卓越的研究判斷功力，這正是奠定他成功的基礎。

3、必須有過人的見解和魄力

人的見識愈高愈遠，就會有曲高和寡的現象，尤其是一般人常滿足於現狀，陶醉於既有成就的美夢中，任何太激進的做法都會被視為異端，遭到反對。這時如果想力排眾議，斷然掃除人為的障礙，就必須具有膽識和實踐能力。而只有明白人才具有這種魄力。

日本三洋電機的創辦人井植歲男，生前常說的一段話頗值得我們深省，這段話道出決策者獨具慧眼。他說：「以自己經營事業的立場去觀察事物，或者去思考事物的話，則事業是不會有所突破的，應該站在更高一層來觀察事物。」

井植當初毅然離開松下，另起爐灶，投入市場已過度飽和的車燈業，但他卻口出驚人之語，立誓在幾年內建造一家年產兩百萬個車燈的工廠。然而事實上，當時的十六家工廠所生產的十萬個車燈都銷售不了。

原來井植看到當初大多數的日本人都以自行車代步，如果沒有車燈，夜晚行車將很不方便，所以他斷定車燈將成為必需品。再者，車燈市場小是因為產量太少，沒有成為規模化生產，以致價格太高，消費者駐足不前，市場因而打不開。

後來，果然在井植建廠四年之後，生產兩百萬個車燈的目標就輕易達到了。

4、立場超然，當局者不迷

人是感情的動物，中國社會尤其講究人情關係。身為創業者若是擺脫不了人情的包袱，而身陷人事漩渦時，決斷則常有偏差。

我們常說：「當局者迷，旁觀者清。」意指當事人因得失心太重，無法凌空冷眼旁觀，以致失去「平常心」的素養。既已患得患失，自然無法從「高處、大處、遠處」等層面來做決策。「目光如豆」的人，怎會有令人佩服的明快決斷呢？

有一則寓言故事，記述某商人故意將一本《下棋必勝法》裝在用梧桐木精製的盒子裡，然後高價求售。有一位好棋者，不惜花高價購買回來，小心翼翼地打開它，豈料書中只寫幾個字：「下棋時要經常保持比對方更超然的立場。」

這一則寓言昭示了決策者要以大局為重，若能放棄私心，以第三者的客觀立場來看事情，處事自能了無牽掛，決策必然高明。而性格豁達、處世超然正是明白人的特徵。

5、反面思考尋求最佳決斷

明白人懂得，決策僅僅依靠自己的精明和聰明是不夠的；決策者應該是集「眾智」的人。儘管他做決策要有相當的魄力，但他絕不能專斷與獨斷，而應集思廣益，甚至多聽反對者的意見。

美國通用汽車公司總裁史隆就常從「反面」思考來尋求最佳決斷。據說他曾在一次高級管理人員會議中說：「諸位先生，我們對這項決策似乎已有一致的看法。」只見出席會議的成員紛紛點頭，表示同意。但是他接著說：「現在，我宣布會議結束，此問題延擱到下次會議再行討論。但我希望下次會議能聽到『相反』的意見，或許這樣，我們才能做最後的決策。」

史隆的做法是少有的，但也是可貴的，因為正確的決策來自正反不同的意見。先有「結論」是經不起「事實」考驗的，唯有掌握充分的信息與客觀的事實，才能下最後的決斷。

羅斯福總統也是此道高手，每遇重大事件，他總是先讓一位助理去研究，並囑咐他千萬不可洩密。然後，他又邀請與該助理意見相左的其他助理去研究同樣的問題，當然，他也要求他們保守機密。這樣，羅斯福不受左右的任意擺布，他能很客觀地從各個角度考慮問題。自然，他的決策水平是一流的。

將缺點轉化成機會

聰明人往往善於控制、調節自己，他們能夠把自己的缺點轉化為發展的機會。

曾長期擔任菲律賓外交部長的羅慕洛穿上鞋時身高只有一百六十三公分。原先，他與其他人一樣，為自己的身材而自慚形穢。年輕時，也穿過高跟鞋，但這種方法始終令他不舒服，精神上的不舒服，他感到自欺欺人，於是便把它扔了。後來，在他的一生中，他的許多成就卻都與他的「矮」有關，也就是說，矮倒促使他成功，以至他說出這樣的話：「但願我生生世世都做矮子。」

一九三五年，大多數的美國人尚不曉得羅慕洛為何許人也。那時，他應邀到聖母大學接受榮譽學位，並且發表演講。那天，高大的羅斯福總統也是演講人，事後，他笑吟吟地嗔怪羅慕洛「搶了美國總統的風頭」。更值得回味的是，一九四五年聯合國創立會議在舊金山舉行，羅慕洛以無足輕重的菲律賓代表團團長身份，應邀發表演說。講台差不多和他一般高，等大家靜下來，羅慕洛莊嚴地說出一句：「我們就把這個會場當作最後的戰場吧。」這時，全場登時寂然，接著爆發出一陣掌聲。最後，他以「維護尊嚴、言辭和思想比槍炮更有力量……唯一牢不可破的防線是互助互諒的防線」結束演講時，全場響起了暴風雨般的掌聲。後來，他分析道：如果大個子說這番話，聽眾可能客客氣氣地鼓一下掌，但菲律賓那時獨立才只有一年，自己又是矮子，由他來說，就有意想不到的效果。從那天起，小小的菲律賓在聯合國中就被各國當作資格十足的國家了。

由這件事，羅慕洛認為矮子比高個子有著天賦的優勢。羅慕洛起初總被人輕視，後來有了表現，別人就覺得出乎意料，不由得對他肅然起敬。在人們的心目中，矮子羅慕洛是一名出色的外交家，以致平常的事一經他之口，就似乎成了石破驚天之舉。

身為「矮子」的羅慕洛的成功之處，就在於他是一個聰明人。他承認自己有缺點，卻又超越缺點，並把它轉化為發展自己的機會。

鋒芒內斂，聰明戰勝精明

有這樣一位高爾夫球職業球員，他是一個自負的、極端的個人主義者，而理性卻跟小孩子差不多。他好像什麼事都沒做錯過，總能找到原因來為自己辯解：這場比賽很糟糕，其他選手都是騙子，或者怪天氣不好，等等。好像這些過錯對他來說沒有什麼了不起。

他對每年在各大城市舉行的業餘高爾夫球比賽（五十美元一個洞）不感興趣，不想為此奔波去獲得一些外快。

有一天，一個戴墨鏡、手拿高爾夫球桿的人找到他，願以一百美金一個洞跟他玩一場。

「喔，我不能跟你玩，」這個職業球手說，「你不是一個盲人嗎？」

「是的，」那個人回答道，「可是，我在瞎之前，曾是一個州級冠軍。我想我能打敗你。」

隨後，這個職業球手表現就不怎麼樣了，他只想著錢，心想，如果這傢伙真的要發瘋似

地向他挑戰，他就管不了盲人不盲人了

「真的一百美金一個洞。」盲人肯定地說。

「好吧，就這麼定了。但別怪我沒有警告你你是會輸的。你想什麼時候比賽？」

「無論哪天晚上都行，」盲人回答道，「無論哪天晚上……」

高爾夫球職業球員是一位精明人，他才華外露，鋒芒畢露，好鬥，而且對自己的技術頗為自負。盲人則是一位聰明人，他懂得鋒芒內斂，但善於把自己的弱點轉化為強項，因此最後取得比賽的勝利。

Part 2

成敗第二步

目標專注

勿因出風頭而行動

精明人失敗的常見原因

從失敗中汲取教訓

腳踏實地，就是成功捷徑

邁出第一步，就是靠近成功的一大步

成功非一步登天

持之以恆挑戰挫折

勤奮專注是成功的根本

勿因出風頭而行動

精明人的特點之一是頭腦靈活，人前人後好顯示自己的才能，喜歡出風頭，有時會做出衝動、缺乏理智的事來。拉利・華特斯就是一位這樣的精明人。

拉利・華特斯是一個卡車司機，他畢生的理想是飛行。他高中畢業後便加入了空軍，希望成為一位飛行員。很不幸，他的視力不合格，因此當他退伍時，只能看著別人駕駛噴氣式戰鬥機從他家上空飛過，他只有坐在草坪的椅子上，幻想著飛行的樂趣。

但拉利是一個精明人，好炫耀和愛出風頭的性格使他不甘於寂寞，他要表現自己的才能。

一天，拉利想到一個法子。他到當地的軍隊剩餘物資店，買了一筒氦氣和四十五個探測氣象用的氣球。那可不是顏色鮮艷的氣球，而是非常耐用、充滿氣體時直徑達四英尺大的氣球。

在自家的後院裡，拉利用橡皮條把大氣球繫在草坪的椅子上，他把椅子的另一端綁在汽車的保險槓上，然後開始給氣球充氣。

接下來他又準備了三明治、飲料和一支氣槍，以便在想降落時打破一些氣球，使自己緩緩下降。

完成準備工作之後，拉利坐在椅子上，割斷拉繩。他的計畫是慢慢地降落回到地上。但事實並非如此。當拉利割斷拉繩，他並沒有緩緩上升，而是像火箭似地衝向天空；他也不僅是飛到兩百英尺高，而是一直向上爬升，直至停在一萬一千英尺的高空。在那樣的高度，他不敢貿然弄破任何一個氣球，免得失去平衡，在半空中突然往下墜落。於是他停留在空中，飄浮了大約十四個小時，他完全不知道該怎樣回到地面。

終於，拉利飄浮到洛杉磯國際機場的進口通道。一架民航客機的飛行員通知指揮中心，說他看見一個傢伙坐在椅子上懸在半空，膝蓋上還放著一支氣槍。

洛杉磯國際機場的位置是在海邊，到了傍晚，海岸的風向便會改變。因此海軍立刻派出一架直升機去營救。但救援人員很難接近他，因為螺旋槳發出的風力把那自製的新奇飛行物吹得愈來愈遠。終於他們停在了拉利的上方，垂下一條救生索，把他慢慢地拖上去。

拉利一回到地面便遭到逮捕。當他被戴上手銬，一位電視新聞記者大聲問他：「華特斯先生，你為什麼這樣做？」拉利停下來，瞪了那人一眼，滿不在乎地說：「人總不能無所事事。」

是的，精明人都知道，人總不能無所事事，人生必須有目標，必須採取行動！

但是，聰明人會提醒我們，目標必須切合實際，行動也必須積極有效。只有這樣，你才能被帶到人生的崇高境界，而不是深陷囹圄。

精明人失敗的常見原因

每個人的事業都可能會有失敗的時候。誠然，避免失敗的唯一辦法是絕不追求成功，寧可安分守己。不過你其實還可以從失敗中汲取教訓，找出紕漏所在，設法糾正，你有扭轉乾坤的力量。

細心檢討挫折的因果很重要，你一定要正視失敗以免重蹈覆轍。一位學者先後訪問了差不多兩百個事業上受過重大挫折的精明人，經過研究，發現精明人最普遍的失敗和遭受挫折的原因如下：

1、處世無方

精明人精於打算，往往好表現自己，事事想占先，好占便宜，耍小聰明，搞小動作，搬弄是非；因此，人際關係常常比較緊張。因為處世無方而失敗的精明人，多半會歸咎「辦公室權術」害了他們；但所謂權術，說不定只是正常的人際關係而已。如果你弄不好「辦公室權術」，其實很可能是你不懂得怎麼和別人相處。你可能單靠精明能幹暫時混得不錯，但大多數事業都不由你唱獨腳戲。你可能有很高深的學術知識，卻仍然缺乏社會知識耐心傾聽、推己及人、批評中肯而又有接受批評的能力。社會知識豐富的人肯承認錯誤，甘受責備，再做下去；他們懂得怎樣博取整體支持。

如果人們不喜歡你，他們讓你可能成事不足、敗事有餘。有一天在飛機場，一位旅客見到一個衣冠楚楚的商人大聲叱喝、責罵搬運員處理行李不當。商人罵得越凶，搬運員越顯得若無其事。商人走後，這位旅客稱讚搬運員有涵養。「噢！沒關係。」他微笑著說，「你知道嗎，那個人是到佛羅里達的，可是他的行李嘛……將會運到密西根。」這就說明：和你共事的人，即使是你的下屬，只要受了你的氣，也會跟你搗蛋。

相反地，只要你精於處世之道，通情達理、討人歡喜，一旦犯錯，支持你的人總會幫你補過。事實上，犯了一次錯之後，如果你以練達負責的態度來處理這次錯誤，說不定你的事業反而會更上一層樓。

2、入錯了行

精明人一般自我感覺良好，時有才高八斗、懷才不遇的衝動，容易患得患失，情緒波動很大。有些精明人說不上是完全失敗，他們可能只是受了配合不當之累。成功有賴一個人能把才幹、興趣、個性、風格和價值觀念淋漓盡致地在工作中得到發揮。

布朗是美國一位最成功的電影製片家，但先後被三家公司革職，才體會到大公司的工作對他不合適。他在好萊塢晉升為「二十世紀福斯公司」第二號人物，後來建議攝製「埃及豔后」，不料這部影片賣座率極低。接著公司大裁員，他也被炒了魷魚。

在紐約，布朗在「新美國文庫出版公司」任編輯部副總裁，但是幾位股東聘請了一位外行人，而他和這人意見不合，於是又被解聘了。

回到加州，布朗又進了「二十世紀福斯公司」，在高層任職六年。不過董事會不喜歡他所建議拍攝的幾部影片。他又一次被革職。

布朗開始認真檢討自己的工作態度。他在大機構做事一向敢言、肯冒險，喜歡憑直覺處事，這些都是老闆的作風而不是當員工的作風。他痛恨公司的管理方式，也不喜歡企業的工作作風。

分析了失敗原因之後，布朗和柴納克聯手自立門戶，攝製「大白鯊」、「裁決」等影片，都取得了成功。布朗是一位失敗的公司行政人員；但他天生是個企業家，只是過去一時沒有發揮潛力而已。

3、不能投入

一位律師是一個典型的「不想吃虧」的精明人。他直言不諱地說：「我的確沒有追求到我的願望。」其實這也不足為怪。他從來就沒有認真嘗試，免得招致失敗。只要他不投入，不下定決心，他就總可以對自己說：我反正並不那麼重視這件事。

他在一家有名望的法律學院畢業後，進入了美國西岸一家大商行工作，希望在娛樂圈內學得專長，可是不知為何，結果是事與願違。他於是說：「我採取了不冷不熱的做事態度，不違逆資深股東，又不真的去做好工作。」

他搬到東岸，又去一家律師事務所工作。六個月之後，上司示意他辭職，因為他根本沒有顯示出自己的工作才幹。他說：「我才不在乎呢！反正我本來就不喜歡這家律師事務所。」現在，他專做娛樂圈內的法律事務，但始終不滿意。他說：「不瞞你說，這是小生意。」

精明人一般自我感覺良好，容易妄自菲薄。如果想立志做一件事，並且希望事事成功，你就一定要相信自己做得到。老闆看重員工這種自信品質，不下於重視員工的其他資格。不看重自己的人，就算說話句句得體，語調往往還是帶著某種疑問。

你的自尊表現得越強越好即使你自視不那麼高也不要緊，重要的是要表現出一種自信。你要像戲劇演員一樣注意你的聲音和動作，千萬不要讓別人聽起來覺得你沒有自信。不妨試用錄音機錄一次假想的面試，自己細聽一次。

4、目標渙散

有些精明人為了獲得眼前利益，往往做太多事情，結果沒有一樣做得精。我們研究的對象中有一位房地產商人，他居然記不清自己手頭到底有多少宗交易。他先是做一座商業辦公樓的出租生意，接著增加到兩座，後來隨著生意的發展，他開始擴展到其他行業的業務。他回憶道：「刺激得很，我在試驗自己的極限。」

有一天，銀行來了通知，說他擴張過度，風險太大，銀行停止給他信貸。這位奇才於是失敗了。

起初他怨天尤人，埋怨銀行，埋怨經濟環境，埋怨職員。最後他說：「我明白我沒有量力而為，欲速不達。」

答案是重定目標，找出他最拿手的生意——發展地產。他熬了好幾年，終於慢慢竄起來了。如今，他又成為一位成功的商人，做事也更有分寸了。

有自知之明，分緩急輕重，目標明確地工作，這些都是成功之道。

5、驕傲自大

「精明人總是比一般人多知道些事情，」紐約市洛克斐勒集團的副總裁布蘭丹・塞克斯頓說，「因此很容易就會以為自己無所不知。」

一九九〇年，有人揭發名校史丹福大學要納稅人負擔一些與政府研究工作無關的開支，例如買了一艘廿二米長的遊艇，以及為大學校長唐納德‧肯尼迪的新夫人舉行了一個歡迎酒會。可是肯尼迪不認錯。他承認曾用公費支付一些「間接研究費用」，包括購買餐巾、桌布以及在他住宅裡舉行一次晚宴的開支。他還說：「我甚至可以理直氣壯地說，這屋裡每一朵花都應該用間接研究費用來購買。」

肯尼迪用這種狂妄態度處理這宗引起公憤的事，結果是自掘墳墓。「他似乎認為他做的每一件事都是完全正當的因為是他做的。」史丹福大學裡一個熟悉內幕的人說。此事沒過幾個月，肯尼迪宣布辭去校長職務。

6、不計後果

精明人腦子裡總是在想：「我的下一個高招」由於他們老是覺得自己無所不知，所以都喜歡行險招，結果往往是聰明反被聰明誤，就像前美國參議員加利‧赫特那樣。赫特曾被紐約時報譽為「當代美國政界最有智慧的人之一」，一九八七年初，他競選民主黨總統候選人，勝望極高。當時有傳言說他有婚外情，他於是向新聞記者提出挑戰：「跟蹤我吧！」他們真的去跟蹤他，結果發現他和廿九歲的模特兒唐娜・萊斯在一起。一張小報刊出了赫特在遊艇「胡鬧」號上把萊斯抱在懷裡的照片後，赫特想成為總統的美夢隨即破碎了。這是他自己不計後果的結果。

7、過分好勝

許多精明人都不了解一個簡單的事實：在這方面勝人一籌，並不等於在另一方面也一定能成功。

哈佛商學院畢業生維克托・奇亞姆利用電視廣告推銷他的雷明登產品，賺了好幾百萬美元。一九八八年，奇亞姆收購了職業足球隊「新英格蘭愛國者」隊。可是，經營一支正在掙扎著求生存的足球隊和推銷電動刮鬍刀完全是兩回事，他不久就虧損慘重。到奇亞姆把球隊轉讓的時候，他已經損失了幾百萬美元。

許多有傑出成就的聰明人都會從這些大錯中汲取教訓。他們願聽別人的意見，不會目空一切。他們積極徵求下屬的建議，知道自己的弱點在哪裡。

已故的山姆・華頓是一位商界奇才，把一家賣廉價商品的鋪子發展成為有資產五百五十億美元的華爾商場集團。他的成功之道是不把自己關在總部裡面。他常常乘私人飛機到全國各地巡視各分店，聽取「合作者」的意見，甚至向顧客贈送巧克力花生糖。

華頓的謙虛是他成功的另一因素，這會令競爭者低估了他，而他的員工則覺得什麼都可以對他說。「我們並不是精明過人，但我們肯改革。」華頓去世前不久曾這樣說。我們只需相信這句話的後半句。

哈羅德・丁克爾在卅九年教書生涯中注意到一件事。他說，進入社會後取得傑出成就的學生，幾乎沒有一個是從前在學校裡成績最優異的學生。其中一個原因是那些精明學生會犯愚蠢的錯誤而自毀前程；但更重要的原因是：那些成功的人知道，如果你只是第二名，就要加倍努力。

機會飄忽不定，你最初所走的路可能半途又更改了。但是，只要你能想清楚失敗的關鍵，只要你想到自己是個永遠有選擇餘地的人，你算是得到了價值無窮的教訓了。

真正聰明人的特色是什麼呢？他們懂得從失敗中汲取教訓。

從失敗中汲取教訓

「我在這兒已做了卅年，」一位員工抱怨他沒有升級，「我比你提拔的許多人多了廿年的經驗。」

「不對，」老闆說，「你只有一年的經驗，你從自己的錯誤中，沒汲取任何教訓，你仍在犯你第一年來時犯的錯誤。」

好悲哀的故事！即使是一些小小的錯誤，你都應從其中學到些什麼。

「我們浪費了太多的時間，」一位年輕的助手對愛迪生說，「我們已經試了兩萬次了，仍然沒找到可以做白熾燈絲的材料！」

「不！」這位天才回答說，「但我們已知有兩萬種不能當白熾燈絲的東西。」

這種精神使得愛迪生終於找到了鎢絲，發明了電燈，改變了歷史。

錯誤很可能致命。錯誤會造成嚴重的結果，往往不在錯誤本身，而在於犯錯人的態度。能從失敗中獲得教訓的人，就能建立更強的自信心。

英國的索冉指出：「失敗不該成為頹喪、失志的原因，應該成為新鮮的刺激。」唯一避免犯錯誤的辦法是什麼事都不做。有些錯誤確實會造成嚴重的影響，所謂「一失足成千古恨，再回頭已是百年身」。然而，「失敗是成功之母」，沒有失敗，沒有挫折，就無法成就大事。

聰明的人會從失敗中學會汲取教訓。失敗者是一再失敗，卻不能從其中獲得任何經驗。

腳踏實地，就是成功捷徑

泰國有個叫奈哈松的人，一心想成為大富翁，他覺得成功的捷徑便是學會煉金術。他把全部的時間、金錢和精力都用在了煉金術上。不久，他用了自己的全部積蓄，家中變得一貧如洗，連飯也吃不上了。妻子無奈，跑到父母那裡訴苦，她父母決定幫女婿擺脫幻想。他們對奈哈松說：「我們已經掌握了煉金術，只是現在還缺少煉金的東西。」，「快告訴我，還缺少什麼東西？」「我們需要三公斤從香蕉葉下搜集起來的白色絨毛，這些絨毛必須是你自己種的香蕉樹上的，等到收完絨毛後，我們便告訴你煉金的方法。」奈哈松回家後立即將已荒廢多年的田地種上了香蕉，為了盡快湊齊絨毛，他除了種自家以前就有的田地外，還開墾了大量的荒地。

當香蕉成熟後，他小心地從每片香蕉葉下收刮白絨毛，而他的妻子和兒女則抬著一串串香蕉到市場上去賣。就這樣，十年過去了，他終於收集夠了三公斤的絨毛。這天，他一臉興奮地提著絨毛來到岳父母的家裡，向岳父母討要煉金之術，岳父母讓他打開了院中的一間房門，他立即看到滿屋的黃金，妻子和兒女都站在屋中。妻子告訴他，這些金子都是用他十年裡所種的香蕉換來的。面對滿屋實實在在的黃金，奈哈松恍然大悟。從此，他努力勞作，終於成了一方富翁。

聰明的人知道，現實生活中，人人都有夢想，都渴望成功，都想找到一條成功的捷徑。其實，捷徑就在你的身邊，那就是勤於積累，腳踏實地。

邁出第一步，就是靠近成功的一大步

報紙上曾經報導有一位乞丐靠乞討成為百萬富翁。這在許多人心中難免起疑：依靠人們施捨一分、一毛的人，為何卻擁有如此巨額的存款？事實上，這些存款當然並非憑空得來，而是由一點點小額存款累聚而成。從一分到十元，到千元，到萬元，到百萬，就這麼一點點積聚而成。若想靠乞討很快存滿一百萬美元，那是幾乎不可能的。

聰明的人，為了要實現主目標常會設定「次目標」，這樣會比較容易於完成主目標。許多人會因目標過於遠大，或理想過於高遠而輕易放棄，這是很可惜的。如果設定「次目標」便可較快獲得令人滿意的成績，能逐步完成「次目標」，心理上的壓力也會隨之減小，主目標總有一天也能夠實現。

曾經有一位六十三歲的老人從紐約市步行到了佛羅里達州的邁阿密市。經過長途跋涉，克服了重重困難，她到達了邁阿密市。在那兒，有位記者採訪了她。記者想知道這路途中的艱難是否曾經嚇倒過她？她是如何鼓起勇氣徒步旅行的？

老人答道：「走一步路是不需要勇氣的。我所做的就是這樣。我先走了一步，接著再走一步，然後再一步，我就到了這裡。」

是的，做任何事，只要你邁出了第一步，然後再一步步地走下去，你就會逐漸靠近你的目的地。如果你知道你的具體的目的地，而且向它邁出了第一步，你便走上了成功之路！

每個人都應該有長遠的目標。然而，對於目標設定，聰明的人往往建議人們做一個不太成功的人，而不是過度成功的人，也就是說，採取初級步驟。例如，如果你最終想減重五十磅，擁有健美的身材，他們會建議你先減重廿磅，而不是試圖向前邁出一大步，一下子減重五十磅；不是去健身房一個小時，而是只去廿分鐘。換句話說，設定一個不太成功但很實際的目標，然後自己堅持這個目標。這樣你就不會覺得壓力太大，而是覺得能夠應付。由於覺得自己能夠應付，你會發現自己渴望去健身房，或做生活中其他需要你做或改變的事情。總之，聰明的人先是擁有宏偉的大膽的夢想，然後每天做一點事情，也就是說，用小步穩妥地向成功靠近。

成功非一步登天

一位燙衣工人住在拖車房屋中，週薪只有六十美元。他的妻子上夜班，不過即使夫妻倆都工作，賺到的錢也只能勉強餬口。燙衣工的孩子耳朵發炎，他們只好連電話也拆掉，省下錢去買抗生素治病。

這位工人希望成為作家，夜間和週末都不停地寫作，打字機的辟啪聲不絕於耳。他的餘錢全部用來支付郵費，不停地寄稿件給出版商和經紀人。

他的作品全給退回了。退稿信很簡短，非常公式化，他甚至不敢確定出版商和經紀人究竟有沒有真的看過他的作品。

一天，他讀到一部小說，令他想起了自己一部未被採用的作品，於是他把自己的手稿寄給那部小說的出版商。出版社把手稿交給了編輯皮爾•湯姆森。

幾個星期後，他收到湯姆森的一封熱誠親切的回信，說原稿的瑕疵太多。不過湯姆森的確相信他有成為作家的希望，並鼓勵他再試試看。

在此後十八個月裡，他再給編輯寄去兩份手稿，但都退還了。他開始試寫第四部小說，不過由於生活所迫，經濟上左支右絀，他開始放棄希望。

一天夜裡，他把手稿扔進垃圾桶。第二天，他妻子把它撿回來。「你不應該半途而廢，」她告訴他，「特別在你快要成功的時候。」

他瞪著那些稿紙發愣。也許他已不再相信自己，但他妻子卻相信他會成功，一位他從未見過面的紐約編輯湯姆森也相信他會成功，因此每天他都寫一千五百字。

他寫完了以後，把小說寄給湯姆森，不過他以為這次又準會失敗。

可是他錯了。湯姆森的出版公司預付了兩千五百美元給他，史蒂芬・金的經典恐怖小說《魔女嘉莉》於是誕生了。這本小說後來銷售五百萬冊，並被改編、攝製成電影，成為一九七六年最賣座的電影之一。

聰明的人都知道沒有人能一步登天。真正使他們出類拔萃的，是他們心甘情願地一步接一步往前邁進，不管路途多麼崎嶇。

一 持之以恆挑戰挫折

一八三二年，林肯失業了，這顯然使他很傷心，但他下決心要當政治家，當州議員。糟糕的是，他競選失敗了。在一年裡遭受兩次打擊，這對他來說無疑是痛苦的。

接著，林肯著手自己開辦企業，可一年不到，這家企業又倒閉了。在以後的十七年間，他不得不為償還企業倒閉時所欠的債務而四處奔波，歷盡磨難。

隨後，林肯再一次決定參加競選州議員，這次他成功了。他內心萌發了一線希望，認為自己的生活有了轉機：「可能我可以成功了！」

一八三五年，他訂婚了。但離結婚還差幾個月的時候，未婚妻不幸去世。這對他精神上的打擊實在太大了，他心力交瘁，數月臥床不起。一八三六年，他得了神經衰弱症。

一八三八年，林肯覺得身體狀況好轉，於是決定競選州議會議長，可他失敗了。一八四三年，他又參加競選美國國會議員，但這次仍然沒有成功。

林肯雖然一次次地嘗試，但卻是一次次地遭受失敗：企業倒閉、戀人去世、競選敗北。

要是你碰到這一切，你會不會放棄放棄放棄這些對你來說將意味著什麼？

林肯是一個聰明人，他具有執著的性格，他沒有放棄，他也沒有說「要是失敗會怎樣」？一八四六年，他又一次參加競選國會議員，最後終於當選了。

兩年任期很快過去了，林肯決定要爭取連任。他認為自己作為國會議員表現是出色的，相信選民會繼續選舉他。但結果很遺憾，他落選了。

因為這次競選他賠了一大筆錢，林肯申請當本州的土地官員。但州政府把他的申請退了回來，拒絕的理由：「作本州的土地官員要求有卓越的才能和超常的智力，你的申請未能滿足這些要求。」

接連又是兩次失敗。在這種情況下你會堅持繼續努力嗎？你會不會說「我失敗了」？

然而，作為一個聰明人，林肯沒有服輸。一八五四年，他競選參議員，但失敗了；兩年後他競選美國副總統，結果被對手擊敗；又過了兩年，他再一次競選參議員，還是失敗了。

林肯嘗試了十一次，可只成功了兩次，但他一直沒有放棄自己的追求，他一直在做自己生活的主宰。一八六〇年，他當選為美國總統。

亞伯拉罕・林肯遇到過的敵人你我都曾遇到。因為他是一個聰明人，他面對困難沒有退卻、沒有逃跑，他堅持著、奮鬥著。他壓根兒就沒想過要放棄努力，他不願放棄，所以他成功了。

聰明人知道，一個人想做成任何大事，都要能夠堅持下去，堅持下去才能取得成功。說起來，一個人克服一點兒困難也許並不難，難的是能夠持之以恆地做下去，直到最後成功。

勤奮專注是成功的根本

聰明人能夠專注於一地做一件事，直到成功，勒韋就是這樣一個聰明人。勒韋是美國的著名醫師及藥理學家，一九三六年榮獲諾貝爾生理學及醫學獎。

勒韋一八七三年出生於德國法蘭克福的一個猶太人家庭。從小喜歡藝術，繪畫和音樂都有很高的水準。但他的父母是猶太人，對猶太人深受各種歧視和迫害心有餘悸，不斷敦促兒子不要學習和從事那些涉及意識形態的專業，要他專攻一門科學技術。他的父母認為，學好數理化，可以走遍天下都不怕。

在父母的教育下，勒韋進入大學學習時，放棄了自己原來的愛好和專長，進入施特拉斯堡大學醫學院學習。

勒韋是一位勤奮志堅的學生，他不怕從頭學起，他相信專注於一，必定會成功。他懷著這一心態，很快進入了角色，他專心致志於醫學課程的學習。信心是行動的推進器，他在醫學院攻讀時，被導師的學識和鑽研精神所吸引。這位導師叫淄寧教授，是著名的內科醫生。勒韋在這位教授的指導下，學業進展很快，並深深體會到醫學也是大有施展才華的天地。

勒韋從醫學院畢業後，他先後在歐洲及美國一些大學從事醫學專業研究，在藥理學方面取得較大進展。由於他在學術上的成就，奧地利的格拉茨大學於一九二一年聘請他為藥理教授，專門從事教學和研究工作。在那裡他開始了神經學的研究，通過青蛙迷走神經的試驗，第一次證明了某些神經合成的化學物質可將刺激從一個神經細胞傳至另一個細胞，又可將刺激從神經元傳到反應器官，他把這種化學物質稱為乙醯膽鹼。一九二九年他又從動物組織中分離出該物質。勒韋對化學傳遞的研究成果是一個前人未有的突破，對藥理及醫學上作出了重大貢獻，因此，一九三六年他與戴爾獲得了諾貝爾生理學及醫學獎。

勒韋是猶太人，儘管他是傑出的教授和醫學家，但也與其他猶太人一樣，在德國遭受了納粹的迫害，當局把他逮捕，並沒收了他的全部財產，被取消了德國籍。後來，他逃脫了納粹的監視，輾轉到了美國，並加入了美國籍，受聘於紐約大學醫學院，開始了對糖尿病、腎上腺素的專門研究。勒韋對每一項新的科學研究，都能專注於一，不久，他這幾個項目都獲得新的突破，特別是設計出檢測胰臟疾病的勒韋氏檢驗法，對人類醫學又作出了重大貢獻。

像勒韋這樣的聰明人都知道成功之本取決於人的心理素質、人生態度和才能資質。當然，僅靠這個「本」還不夠，必須兼具高遠志向和實現目標的毅力。特別是專注於一的精神，更有利助人成功。

Part 3

成敗第三步

精益求精

贏得更多時間的技巧
多用腦子，提高工作效率
自我推銷，成功有術
放下架子，從基礎做起
感悟工作的意義
給別人「積極」的印象
注重團隊意識
隨時懷有一顆「進取心」
建立知識結構
培養組織管理能力
從工作中尋找樂趣

贏得更多時間的技巧

精明人善於精打細算，在利用時間方面，他們的經驗很值得借鑑。

1、每天都列出計畫

確定每天的目標，養成把每天要做的工作排列出來的習慣。奏效是指把一項工作做合適，效率是指把一項最關鍵的工作做好。把明天要做的、最重要的比如六件事，按其重要性大小編成號碼，明天上午頭一件事是考慮第一項，先做起來，直至完畢。再做第二項，如此下去，如果沒有全部做完，不要於心不安，因為照此辦法完不了，那麼用其他辦法也是做不完的。

2、最充分地利用你最顯效率的時間

如果你把最重要的任務安排在一天裡你做事最有效率的時間去做，你就能用較少的力氣，做較多的工作。何時做事最有效率？各人不同，需要自己摸索。

3、運用科學的方法

如果你不知道記憶的規律和方法，你將事倍功半，而如果你了解記憶的奧祕，你就能事半功倍；如果你不明白學習是為了創造、科學全在於創新，只是拚命追求考試成績，拚命掌握傳統教科書，不注意培養自己的創新能力，那麼，你將來在科學上很難有什麼創造；如果你不懂得打破限制性思維，不願意向一些聰明的外行人講述你的研究活動，甚至不願意和同行進行學術交流，那麼你獲得靈感與啟示、獲得成功的可能性也會因此而少；如果你不知道知識並非總是越多越好，而去拚命掌握那無用的或者用處不大的「死知識」，就會浪費寶貴的時間與精力，錯過「最佳年齡區」……總之，倘若你缺乏正確的方法，那你多少會自己埋沒自己的才華。

4、集中精力，全力以赴地完成最重要的任務

重要的不是做一件事花多少時間，而是有多少不受干擾的時間。全力猛攻，任何困難都可迎刃而解；零打碎敲，往往解決不了問題。一次只能考慮一件事，一次只能做一件事。

5、不要做完人

不要求把什麼事都做得完美無缺，如寫信中有幾個錯字，改一下即可，不必全部重新抄寫。

6、學會一石雙鳥

利用已排定的時間如看病、理髮的等候時間，用來訂計畫、寫信，甚至考慮寫作提綱。每天清晨漫步在校園，都可看到許多邊跑步邊聽外語廣播的學生，他們懂得了充分利用時間的奧祕。許多人認為，看原版電影，既可學習外語，又是較好的娛樂方式。

表面上看起來，好像集中精力於某件事情上，比較專注、有效，可是在如今信息爆炸的時代，如果過分集中在某件事上，就會變成不能融會貫通或趕不上潮流的落伍者。現代生活要求我們，必須在自己身邊廣布天線，隨時接受社會的動態信息。

許多成功的企業家習慣在吃飯時打開電視、攤開報紙，這樣可以同時使用聽電視的耳朵、看報紙的眼睛和吃飯的嘴、手，這對培養靈活的大腦非常重要。

當然，一開始試著這樣做時，可能會有些力不從心。專心於吃飯的話，眼睛卻被忽略掉，雖在看報紙，卻不知講的是什麼消息，也無法注意到耳朵的作用，即使打開了電視也不知所云；如果過分地集中精神看報紙，就聽不見電視的聲音，不知不覺中，又常常放下了手中的筷子。

而想把三件事同時做好的祕訣，最好做瞬時性的意識變化，也就是三至五秒的精神集中於吃飯，再分別用五秒鐘集中於看報和看電視，如在意識集中於電視前，即使中斷了幾秒鐘，也可以知道連續的消息，又不會忘記剛才閱讀過的報上的訊息。如此做瞬間意識上的轉變，則有可能使三種行為同時協調地進行。一旦養成了習慣，這些就會在不知不覺中進行。

具有複雜型觀念或能夠同時處理幾件事情，是現代人不可缺少的素質，雖然有人主張「一心不可二用」，但不可否認的是，同時做幾件事的人，他們的腦筋的確轉動得很快，辦事效率也更高，無形中節省了大量的時間。

7、區別緊迫性和重要性

緊急的事不一定重要，重要的不一定緊急。不幸的是，我們許多人把我們的一生花費在較緊急的事上，而忽視了不那麼緊急但比較重要的事情。當你面前擺著一堆問題時，應問問自己，哪一些真正重要，把它們作為最優先處理的問題。如果你整天被緊急的事情所左右，你的生活中就會充滿危機。

8、整齊就是效率

各種用品的擺放要有條理，如筆記要分類，以便查找。亂放一氣，找東西的時間就要占很多。

9、盡量利用簡便工具

如用電話通信息，只需幾分鐘，而寫一封信卻往往需要幾十分鐘。

10、充分利用等待的時間

亨利・福特說：據我觀察，很多人之所以能嶄露頭角，是因為他沒有像別人那樣荒廢時間。

我們每天都有許多時間在等待中度過，等車、等人、排隊繳費等，認真算起來，你會發現平均每天光是用在等待上的時間，就不下卅分鐘。而一般人以為那只是短暫的而可以被忽略掉，於是每天把不少的片刻時間白白地浪費了。

等待的時間總是難過的，尤其是趕時間的時候，一切像在慢動作般進行，你會覺得世界上只有自己在焦急似的，非常難熬。如果能學會充分利用等待的時間，不僅對你知識的增加、事業的成就，而且對於你養成良好性格和情緒都有莫大的益處。

例如當我們在乘輪船、火車做長途旅行時，可以看看小說，閱讀你感興趣的書報，背誦外語單詞；當你排隊看病、等待理髮時也可抓緊學習。

多用腦子，提高工作效率

有這樣一個故事：

兩個同齡的年輕人同時受僱於一家店鋪，並且拿同樣的薪水。可是叫阿諾德的小夥子青雲直上，而那個叫布魯諾的小夥子卻仍在原地踏步。

布魯諾很不滿意老闆的不公平待遇。終於有一天他到老闆那兒發牢騷了。老闆一邊耐心地聽著他的抱怨，一邊在心裡盤算著怎樣向他解釋清楚他和阿諾德之間的差別。

「布魯諾先生，」老闆開口說話了，「您今早到市場上去一下，看看今天早上有賣什麼？」

布魯諾從集市上回來向老闆匯報說，今早集市上只有一個農民拉了一車馬鈴薯在賣。

「有多少？」老闆問。

布魯諾趕快戴上帽子又跑到集市上，然後回來告訴老闆一共四十袋馬鈴薯。

「價格是多少？」

布魯諾又第三次跑到集上問來了價錢。

「好吧，」老闆對他說，「現在請您坐到這把椅子上一句話也不要說，看看別人怎麼說。」

阿諾德很快就從集市上回來了，並匯報說到現在為止只有一個農民在賣馬鈴薯，一共四十袋，價格是多少多少；馬鈴薯質量很不錯，他帶回來一個讓老闆看看。這個農民一個鐘頭以後還弄來幾箱西紅柿，據他看價格非常公道。昨天他們鋪子裡的西紅柿賣得很快，庫存已經不多了。他想這麼便宜的西紅柿老闆肯定會要進一些的，所以他不僅帶回了一個西紅柿做樣品，而且把那個農民也帶來了，他現在正在外面等回話呢。

此時老闆轉向了布魯諾，說：「現在您肯定知道為什麼阿諾德的薪水比您的高了吧？」

布魯諾跑了三趟，才在老闆的不斷提示下，了解了菜市場的部分情況；而阿諾德僅一趟，就掌握了老闆需要和可能需要的信息。

布魯諾也許是一個精明人。現實生活中也有不少人像布魯諾那樣，上司吩咐什麼，就做什麼，自己從不用腦，結果長期不被重用，還慨嘆命運的不公平。

阿諾德是一個聰明人。像阿諾德那樣辦事高效、靈活的人，不僅圓滿完成領導交給的任務，還主動給領導提供參考意見和盡可能多的信息，自然會得到領導的賞識和垂青。

自我推銷，成功有術

巧妙地推銷自己，是改變消極等待為積極爭取、加快自我實現的不可忽視的手段。常言道：「勇猛的老鷹，通常都把他們尖刻的爪牙露在外面。」這其實不也是一種積極地表現自我嗎？精明的生意人，想讓自己的商品待價而沽，總得先吸引顧客的注意，讓他們知道商品的價值，這便是傑出的推銷術。《成功地推銷自我》的作者E・霍伊拉說：「如果你具有優異的才能，而沒有把它表現在外，這就如同把貨物藏於倉庫的商人，顧客不知道你的貨色，如何叫他掏腰包？各公司的董事長並沒有像X光一樣透視你大腦的組織。」因此，積極的方法是自我推銷，如此才能吸引他們的注意，從而判斷出你的能力。

在推銷自己的過程中，精明人頭腦靈活，能說會道，事事想占先，這常常容易遭受挫折；而聰明人和明白人不僅知道推銷自己的必要性，而且更注重方式和技巧。

1、聰明人懂得應該表現自己

精明人大都喜歡表現自己，但如果表現不好，就容易給人一種誇誇其談、輕浮淺薄的印象。而聰明的人知道，最大限度地表現你美德的最好辦法，是你的行動，而不是自誇。所謂「桃李不言下自成蹊」，就是這個意思。

也許你會說：「我數年埋頭苦幹，兢兢業業，卻默默無聞。」、「現在是做的人不香，說的人飄香。」如果你嘗到這種苦頭的話，那麼，說明你是缺乏做的藝術和說的藝術。請你自問一下，別人不願意做的事情，是否上司都了解？靠別人發現，總歸是被動的；靠自己積極地表現，才是主動的。成功者善於積極地表現自己最高的才能、德行，以及各種各樣處理問題的方式。這樣不但表現自己，也參與吸收別人的經驗，同時獲得謙虛的美譽。學會表現自己吧在適當的場合、適當的時候，以適當的方式向你的上司及同事表現你的業績，這是很有必要的。

2、聰明人總是最大限度地表現自己的美德

人是複雜的、多面的。既有長處，也有短處；既有優點，也有缺點。知道如何揚長避短，最大限度地表現自己的美德，這是精明人的基本功。

而聰明人能夠使自己的美德像金子一樣閃閃發光，具有永恆的魅力。

你是否最大限度地表現了自己的才能和美德呢？這可是成功的一大祕訣，它有利於豐富你的形象，有利於你事業的成功。如何最大限度地表現自己的美德呢？請記住「盡善盡美」四個字。馬爾騰認為：「事情無大小，每做一事，總要竭盡全力求其完美，這是成功的人的一種標記。」

人們都想得到一個較高的位置，找到一個較大的機會，使自己有用武之地。但是，人們卻往往容易輕視自己簡單的工作，看不起自己平凡的位置與渺小的日常事務。而聰明人目光遠大，不爭一時的先後，即使在平凡的位置上工作也能做得十分出色，自然也就能更多地吸引上級的注意。成功者每做一事，都不滿於「還可以」、「差不多」，而是力求盡善盡美、問心無愧。他們的任何工作都經得起推敲。他們的美德，就是在一件件小事中閃閃

發光的。

最大限度地表現自己的美德，這裡還有一個程度的問題。表現自己而又恰如其分，這既是一種能力也是一門藝術，它往往體現一個人的修養。

3、聰明人總是表現得很誠實

一九〇八年四月，在一所國際函授學校經銷商的辦公室裡，戴爾・卡內基正在應徵銷售員的工作。

經理約翰・艾蘭奇先生看著眼前這位身材瘦弱、臉色蒼白的年輕人，忍不住先搖了搖頭。從外表看，這個年輕人顯示不出特別的銷售能力。他在問了姓名和學歷後，又問道：

「做過推銷嗎？」

「沒有！」卡內基答道。

「那麼，現在請回答幾個有關銷售的問題。」約翰・艾蘭奇先生開始提問：

「推銷員的目的是什麼？」

「讓消費者了解產品，從而心甘情願地購買。」戴爾不假思索地答道。

艾蘭奇先生點點頭，接著問：

「你打算如何對推銷對象開始談話？」

「『今天天氣真好』或者『你的生意真不錯』。」

艾蘭奇先生還是只點點頭。

「你有什麼辦法把打字機推銷給農場主？」

戴爾・卡內基稍稍思索一番，不緊不慢地回答：「抱歉，先生，我沒辦法把這種產品推銷給農場主，因為他們根本就不需要。」

艾蘭奇高興得從椅子上站起來，拍拍戴爾的肩膀，興奮地說：「年輕人，很好，你通過了，我想你會出類拔萃的！」

艾蘭奇心中已認定戴爾將是一個出色的推銷員，因為測試的最後一個問題，只有戴爾的答案令他滿意，以前的應徵者總是胡亂編造一些辦法，但實際上絕對行不通，因為誰願意買自己根本不需要的東西呢？

其他參加面試的人當然也知道「把打字機推銷給農場主」難於上青天，但是，為了應付面試，他們不敢說實話，恐怕別人懷疑自己的能力。而那些敢說實話的人，不但表現了自己的誠實，更展示了自己的自信。

4、聰明人知道適當表現自己的才智

聰明人知道，一個人的才智是多方面的。假如你是想表現你的口語表達能力，你要在談話中注意語言的邏輯性、流暢性和風趣性；如果你要想表現你的專業能力，當上司問到你的專業學習情況時就要詳細一點說明，你也可以主動介紹，或者問一些與你的專業相符的新工作單位的情況；如果你想要讓上司知道你是一個多才多藝的人，那麼當上司問到你的愛好與趣時就要趁機發揮，或主動介紹，以引出話題；如果上司本身就是一個愛好廣泛的人，那麼你可以主動拜師求藝。至於表現自己的忠誠與服從，除了在交談上力求熱情、親切、謙虛之外，最常用的方式是採取附合的策略，但你要盡量講出你之所以附合的原因。上司最喜歡的是你能給他的意見和觀點找出新的論據，這樣既可以表現你的才智，又能為上司去教育別人增加說理的新材料。

5、明白人善於另闢蹊徑，與眾不同

這是明白人經常採用的一種顯示創造力、超人一等的自我推銷方式。

款式新穎、造型獨特的物體常常是市場上的暢銷貨；見解與眾不同、構思新奇的著作往往供不應求。獨特、新穎便是價值。物如此，人亦然。他人不修邊幅，你則不妨稍加改變和修飾；他人好信口開河，你最好學會沉默、保持神祕感，時間越長，你的魅力越大；他人總是揚長避短，你可試著公開自己的某些弱點，以博得人們的理解與諒解；他人自命清高、孤陋寡聞，你應該盡力地建立一個可以信賴的關係網；他人虛偽做作，你要光明磊落、待人坦誠；他人只求可以，你則應全力以赴，創第一流業績；他人對上司阿諛奉承，你卻以信取勝。倘若你願意試試以上方法來表現自己，就一定可以收到異乎尋常的效果。

放下架子，從基礎做起

維斯卡亞公司是美國二十世紀八〇年代最為著名的機械製造公司，其產品銷往全世界，並代表著當今重型機械製造業的最高水平。許多人畢業後到該公司求職遭拒絕，原因很簡單，該公司的高技術人員爆滿。但是令人垂涎的待遇和足以自豪、炫耀的地位仍然向那些有志的求職者閃爍著誘人的光環。

詹姆斯和許多人的命運一樣，在該公司每年一次的用人測試會上被拒絕申請，其實這時的用人測試會已經是徒有虛名了。詹姆斯並沒有死心，他發誓一定要進入維斯卡亞重型機械製造公司。於是他採取了一個特殊的策略假裝自己一無所長。

他先找到公司人事部，提出為該公司無償提供勞動力，請求公司分派給他任何工作，他都不計任何報酬來完成。公司起初覺得這簡直不可思議，但考慮到不用任何花費，也用不著操心，於是便分派他去打掃車間裡的廢鐵屑。一年中，詹姆斯勤勤懇懇地重複著這種簡單但是勞累的工作。為了餬口，下班後他還要去酒吧打工。這樣雖然得到老闆及工人們的好感，但是仍然沒有一個人提到錄用他的問題。

一九九〇年初，公司的許多訂單紛紛被退回，理由均是產品質量有問題，為此公司將蒙受巨大的損失。公司董事會為了挽救頹勢，緊急召開會議商議解決。當會議進行一大半卻尚未見眉目時，詹姆斯闖入會議室，提出要直接見總經理。在會上，詹姆斯把對這一問題出現的原因作了令人信服的解釋，並且就工程技術上的問題提出了自己的看法，隨後拿出了自己對產品的改造設計圖。這個設計非常先進，恰到好處地保留了原來機械的優點，同時克服了已出現的弊病。總經理及董事會的董事見到這個編外清潔工如此精明在行，便詢問他的背景以及現況。詹姆斯面對公司的最高決策者們，將自己的意圖和盤托出，經董事會舉手表決，詹姆斯當即被聘為公司負責生產技術問題的副總經理。

原來，詹姆斯在做清掃工時，利用清掃工到處走動的特點，細心察看了整個公司各部門的生產情況，並一一作了詳細記錄，發現了所存在的技術性問題並想出解決的辦法。為此，他花了近一年的時間搞設計，做了大量的統計數據，為自己最後一展雄姿奠定了基礎。

詹姆斯不愧是一個聰明人，他在推銷自己的過程中能夠不爭一時的先後，才華不外露，鋒芒內斂；他目光遠大，為自己的發展準備了充分的條件，因此最終獲得了成功。

感悟工作的意義

一位聰明人說：「人生的最大生活價值，就是對工作有興趣。」做同一件事，有人覺得做著很有趣，有人覺得做著毫無意義，其中有天壤之別。做不感興趣的事所感覺的痛苦，彷彿置身在地獄中。過去做事情覺得非常愉快的人並不多，每個人對工作的好惡不同，假使能把工作趣味化、藝術化、興趣化，就可以把工作輕鬆愉快地做好，菲力有句話說：「必須天天對工作產生新興趣。」他所指的就是工作要趣味化、興趣化。人生並不長，因此最好盡量選擇適合你興趣的工作；工作合乎你的興趣，你就不會覺得辛苦。

愛迪生是一位聰明人，他曾說：「在我的一生中，從未感覺在工作，一切都是對我的安慰……」

大仲馬也是聰明人，他的寫作速度是驚人的。他活到六十八歲，到晚年自稱畢生著書一千兩百部。他白天同他作品中的主人翁生活在一起，晚上則與一些朋友交往、聊天。有人問他：「你苦寫了一天，第二天怎麼仍有精神呢？」他回答說：「我根本沒有苦寫過。」

「那是怎麼回事呢？」「我不知道，你去問一棵梅樹是怎樣生產梅子的吧！」看來大仲馬是把寫作當作了樂趣，當作了生活的全部。

而愚蠢的人（他們一定是不成功人士）往往面帶一種惱怒厭世的表情。他們不喜歡他們的工作和他們生活的世界，懷疑他們周圍的人都是不誠實和愚笨的。他們把一切都看得那麼黑暗，並用他們自己對生活的絕望態度和無所寄托的頹喪情緒影響著他們周圍的人。

一位女職員能勝任並完成每天的工作，但是她無論走到哪裡，不是抱怨空調太冷就是抱怨太熱；她貶損老闆，埋怨工作；她對同事們說，工作是浪費時間。在兩年內她已經失去過五次工作，卻仍然未從任何人那兒獲得有益的經驗。

如果你不能選擇自己更喜歡的工作，就要盡力喜歡眼前的工作。這裡是聰明人和明白人為我們提供的幾點建議：

1、把收入看淡些

有一次，英國女王參觀著名的格林威治天文台。當她得知擔任天文台台長的天文學家詹姆・布拉德萊的薪資很低時，表示要提高他的薪水。布拉德萊得悉此事後，懇求女王千萬別這樣做，他說：「如果這個職位一旦可以帶來大量收入，那麼，以後到天文台來工作的人，將會不是天文學家了。」這說明不僅布拉德萊對收入看得很淡，其他科學家也是如此。

關於工資與工作的相互關係，人們站在不同的立場，有種種議論。但是，有一點是肯定的，那就是：人們的喜悅，不是只靠金錢就能得到的。工資可以減少人的不滿，但不能增加人的滿足感。明白人懂得，能夠增加人的滿足感的，還是工作本身。不管什麼工作，如果能夠自發地、自主地去進行，人們就會從中感悟到工作的意義。而且重要的是，選擇工作，不要只顧眼前利益，還要從有利於長遠發展的角度出發。

香港《快報》記者曾慧燕是一個明白人。她是一個溫文爾雅、秀麗端莊的姑娘，在一九八四年五月十日香港報業公會舉辦的「一九八三年度最佳記者比賽」中，竟奪得三項「最佳記者」的金牌。之所以她能有今天的成就，還要歸功於她初入報界時的正確選擇。

一九七九年元旦，曾慧燕移居香港。她白天上工，晚上自修英語，並開始利用工餘時間寫些雜感式的小文章，試著向報紙投稿。她的第一篇文章是在香港《明報》「大家談」專欄上刊出的，這對她鼓舞很大。從此，署名曾慧燕的文章便經常見諸報端。一九八〇年，香港《中報》刊出招聘廣告，她抱著試一下的心情將自己的簡歷和發表過的文章寄給《中報》。這成為她走入新聞圈的第一步。

到《中報》上班的第一天，老闆給兩份工作讓她挑選：一是資料員，二是校對。她認為校對工作對她今後的事業會有好處，通過這項工作，可以掌握在內地所不熟悉的知識。校對是香港報館中地位最低的工作，工資也比資料員少三百元。曾慧燕選擇了校對。通過校對，積累知識，活躍了她的思想，為她以後的成功奠定了工作堅實的基礎。

明白人在選擇職業時，不會只考慮報酬，他們懂得：有得就有失。重要的是，能夠在工作中找到樂趣和確定自己發展的方向。

2、工作永遠要使老闆滿意

聰明人目光遠大，重長遠，趨大利。他們懂得，在事業生涯裡，你只要盡可能地不斷付出，而不尋求馬上回報，會使你得到比酬勞更重要的東西，這就是信任。你把集體的目標作為自己的目標，並更深的理解之。只要這樣，老闆才會器重你、提拔你。

3、要有使命感

明白人通曉世事，他們知道要想成就某事，使命感可以發揮力量，把不可能的事變成可能。曾有句話說：「女人是弱者，但母親是強者。」意思是說女人只是一個女人時，看起來非常文弱；但是當女人成為母親後，有了養育子女的使命感，馬上就成為強者，彷佛變了一個人。

許多人從來不考慮使命這個問題，就是知道自己應負的使命也不在乎。這樣的人，因為沒有進取心，所以無法自己掌握命運。而明白人懂得，只有積極地尋求自己的使命感，才能增強戰勝困難的決心和力量，才能獲得最後的勝利，才會感到生活的幸福。使命感強的人，會努力地去實踐；沒有使命感的人，走一步算一步。這兩種人的差別也就是成功和失敗的差別。

如今松下聞名世界，松下幸之助被視為成功者的典範。松下電器創業時公司並不大，假如只想賺更多的錢，沒有理想，那松下幸之助也只能和常人一樣希望每個月賺幾萬元，絕不會從電器事業中脫穎而出，取得今天舉世矚目的成就。

但松下是一個有使命感的明白人，他強烈的使命感緣於一件小事：有一天，正值盛夏，松下幸之助看見有人在陌生人家的自來水龍頭下拚命地喝水，他遂有了一種使命感，希望作出像自來水一樣廉價的商品，豐富人類的生活。而這種使命感改變了他，使他成為企業家，因此開拓了自己的人生。

松下幸之助發現的水道哲學，現在早已成為松下研究所的精神，松下因此獲得巨大成功。研究所的名稱叫ＰＨＰ，第一個Ｐ是Peace（和平），第二個字母Ｈ，代表Happiness（幸福），最後一個Ｐ表示Prosperity（繁榮），這正是松下幸之助畢生的追求和希望，也應該成為我們每個人追求的人生目標。

給別人「積極」的印象

聰明人知道，要想在工作中有所發展，給人以「積極」的印象非常重要，它可以成為你取勝的法寶。

怎樣才能給人以「積極」的印象，引人注目呢？聰明人知道採用如下方法：

1、站起來發言

無論在員工大會上講話，還是在辦公室發言，最好的姿勢是站起來。哪怕有準備好的椅子，也不要坐下。

因為站起來發言，給人的感受要強烈、有感染力。還可以居高臨下，把握會場的氣氛。

2、搶接電話

如果動作遲緩，只會給人留下做事消極、不主動的印象。因此，在辦公室裡，一旦電話鈴響，應迅速反應，抓起話筒。

3、早上班

提前上班，會給人一種積極、肯做的印象。當別的同事睡眼惺忪地趕到辦公室，開始做準備工作時，你已經進入工作狀態了，上司自然會另眼看你。

4、腰桿挺直快步走

這樣做會給人一種充滿朝氣、富有活力的感覺，這是自我表現中不可忽視的內容。

如果彎腰駝背、慢慢騰騰、無精打采會讓人如何評價你呢?答案是非常明確的。

5、握手有力

握手是交際的禮儀，也是表現自己的武器。握手這一小小的動作，看起來只是手與手的交流，實則為心與心的溝通。緊握對方的手可以使對方感到自己的熱情與堅強，給人留下一個深刻的印象。

6、坐姿正確

和同事交談，坐在椅子或沙發上的姿勢一定要端正，不要全身埋在沙發裡或顯得懶散地背靠在椅子上，這樣會給人一種不認真的感覺。相反，坐姿端正，上半身自然前傾，則會讓人覺得你聚精會神，進而給人留下做事認真、積極的印象。

7、做好筆記

別人講話時，要注意邊聽邊做筆記。做筆記，一方面可以記錄下對自己有用的內容；另一方面則是表示對對方講話內容的認同，對對方又是一種尊敬。

8、名字要寫大一點

姓名是每個人的代號，簽名時盡可能地把字寫得大一些，因為寫大字的人一般比較具有進取性。

9、坐到上司身邊

對自己越有信心的人，越喜歡和上司坐在一起。因此，在沒有安排固定座位的場合時，主動坐在上司身邊，可以顯示出自己的信心，就像學習成績好、課堂主動發言的學生喜歡坐在距老師較近的座位一樣。

10、額外工作搶著做

除做好分內的事外，對於額外增加的工作也要積極肯做，一方面顯示你的熱心，另一方面體現你的能力。

11、求教要登門

如果你有事向同事請教，一定不能通知他來你辦公室，而你必須去他的辦公室。這樣，既能讓對方看到你的誠意，又能感受得到你的謙恭態度。

12、袒露你的希望

充滿希望的人才會有魅力。擁有遠大目標的人，便會給人一種積極、有幹勁的感覺。每個人都不喜歡，甚至討厭偷懶、不積極的同事。只要給人處處以「積極」的印象，不但能夠受到同事的好評，還會受到上司的器重，對自己的前途會大有好處。

注重團隊意識

一家公司準備從基層員工中選拔一位主管。

董事會擬定的考試內容是尋寶：大家要從各種各樣的障礙中穿越過去，到達目的地，把事先藏在裡面的寶物找出來。

誰能找出來，寶物就屬於誰，誰就能得到提拔。

大家興奮異常。

他們開始行動了起來，但是事先設置的路太難走了，滿地都是西瓜皮，大家每走幾步都要滑倒，根本無法到達目的地。

他們艱難地行進著。

在他們的尋寶隊伍中，公司的一位清潔工落在了最後面。

對於尋寶之事，他似乎並不在意，他只是把垃圾車拉過來，然後把西瓜皮一鍬鍬地裝了上去，然後拉到垃圾站去。

幾個小時過去了，西瓜皮也快清理完了。

大家跳過西瓜皮，衝向了目的地，他們四處尋找，但是一無所獲。

只有那個清潔工卻在清理最後一車西瓜皮的時候，發現了藏在下面的寶貝。

公司召開全體大會，正式提拔這位清潔工。

董事長問大家：「你們知道公司為什麼提拔他嗎？」

「因為他找到了寶貝。」

好幾個人舉手答道。

董事長搖搖頭。

「因為他能做好本職工作。」

又有幾個人舉手發言。

董事長擺了一下手：「這還不是全部，他最可貴的地方在於，他富有團隊精神。在你們爭先恐後尋寶的時候，他在默默地為你們清理障礙。」

董事長總結道。

「團隊精神，這是一個人、一個公司最珍貴的寶貝！」

團隊意識強，這正是聰明人的一大特徵，他們常常因此在事業中獲得意外收穫。

隨時懷有一顆「進取心」

拿破崙・希爾曾經聘用了一位年輕的小姐當助手，替他拆閱、分類及回覆他的大部分私人信件。當時，她的工作是聽拿破崙・希爾口述，記錄信的內容。她的薪水和其他從事相類似工作的人大約相同。有一天，拿破崙・希爾口述了下面這句格言，並要求她用打字機把它打下來：「記住！你唯一的限制就是你自己腦海中所設立的那個限制。」

這位小姐是一個聰明人。當她把打好的紙張交給拿破崙・希爾時，她說：「你的格言使我獲得了一個想法，對你、我都很有價值。」

這件事並未在拿破崙・希爾腦中留下特別深刻的印象，但從那天起，拿破崙・希爾可以看得出來，這件事在她腦中留下了極為深刻的印象。她開始每天晚餐後回到辦公室，做一些不是她分內而且也沒有報酬的工作，並把寫好的回信放到拿破崙・希爾的辦公桌上。

她已經研究過拿破崙・希爾的風格，因此，這些信回覆得跟拿破崙・希爾自己所能寫的完全一樣好，有時甚至更好。她一直保持著這個習慣，直到拿破崙・希爾的私人男祕書辭職為止。當拿破崙・希爾準備找人來替補這位男祕書的空缺時，他很自然地想到這位小姐。但在拿破崙・希爾還未正式給她這項職位之前，她已經主動地接受了這項工作。由於她在下班之後，以及沒有支領加班費的情況下，對自己加以訓練，終於使自己有資格出任拿破崙・希爾屬下人員中最好的一個職位。

而且不只如此，這位年輕小姐的辦事效率太高了，拿破崙・希爾已經多次提高她的薪水，她的薪水現在已是她當初來拿破崙・希爾這兒當一名普通速記員薪水的四倍。她使自己變得對拿破崙・希爾極有價值，因此，拿破崙・希爾不能缺少這位女助手了。

這就是聰明人的進取心。正是這位年輕小姐的進取心，使她脫穎而出，可謂名利雙收。

聰明人知道，進取心是一種極為難得的美德，它能驅使一個人在不被吩咐應該去做什麼事之前，就能主動地去做應該做的事。

一位聰明人對進取心作了如下的說明：

「這個世界願對一件事情贈予大獎，包括金錢與榮譽，那就是進取心。」

「什麼是進取心?我告訴你，那就是主動去做應該做的事情。」

「僅次於主動去做應該做的事情的，就是當有人告訴你怎麼做時，要立刻去做。」

「更次等的人，只在被人從後面踢時，才會去做他應該做的事。這種人大半輩子都在辛苦工作，卻又抱怨運氣不佳。」

「最後還有更糟的一種人，這種人根本不會去做他應該做的事。即使有人跑過來向他示範怎樣做，並留下來陪著他做，他也不會去做。他大部分時間都在失業中。因此，易遭人輕視，除非他有位富有的老爸。但如果是這個情形，命運之神也會拿著一根大木棍躲在街頭拐角處，耐心地等待著。」

你屬於前面的哪一種人呢？如果你想成為一個不斷進取的聰明人，就要把拖延的習慣從你的個性中除掉。這種把你應該在上星期、去年甚至於十幾年前就要做的事情拖到明天去做的習慣，正在啃噬你意志中的重要部分，除非你革除了這個壞習慣，否則你將很難取得任何成就。

建立知識結構

古希臘的著名戲劇家埃斯庫羅斯說過：「聰明人不是具有廣博知識的人，而是掌握有用知識的人。」而一個人的知識要真正做到有用，就必須形成適合於客觀需要的、合理的內在結構。實現知識結構的合理化，是提高知識效用、加快成才步伐的祕訣之一。

在你建造自己知識結構的時候，聰明人採用的下面四條原則是值得我們參考的。

1、整體原則

聰明人知道，為了實現某個特定的目標，知識體系必須形成一個整體，握成一個拳頭。這就是說，一個合理的知識結構，應當通過巧妙的相互聯繫，把各部分知識有機地統一起來，從而使自己能夠在整體上發揮出最佳的功能。這個整體原則，就是我們確定合理知識結構的最基本的原則。

整體原則，首先要求我們正確地選擇知識。面對浩瀚的知識海洋，決定吸收什麼、捨棄什麼，是一個既重要又困難的問題。為此，我們必須善於判斷某種知識相對於自己知識體系的整體來說有多大的價值，然後根據這種相對價值的大小來進行知識的取捨。凡不從整體需要出發的取捨，只能是盲目的取捨。只見樹木不見森林；一切從興趣或偏見出發；抱著獵奇的心理在知識叢林中瞎撞；漫無目的，遇到什麼學什麼……凡此種種，都是與整體原則背道而馳的。

整體原則，還要求我們恰當地組織知識。部分只能在整體之中存在；離開整體的部分，就像從人身上割下來的手，必將失去它應有的作用。任何知識只有處於相互聯繫的整體之中，才能活起來，才能有效地發揮其功能。與整體相脫節、相游離的知識，是死知識，是毫無用處的東西。因此，一味像古董收藏家一樣收集和儲藏知識，卻不去研究知識之間複雜的內在聯系，乃是成才之大忌。

2、比例原則

一個合理的知識結構，各組成部分必須保持恰當的比例。比例原則，反映了知識結構內部橫向聯繫上的客觀要求。

聰明人知道，確定知識結構的正確比例，應當從特定目標的客觀需要出發。目標不同，需要不同，知識體系的組成當然也大不相同。學文的不一定非懂得量子物理不可；學理的也不一定硬要精通《說文解字》。但是，在現代條件之下，為任何一個特定目標服務的知識結構，都不可能只由一兩種知識來組成，而必須是多種不同知識的有合。立志於文藝創作者，不可以沒有一定的自然科學修養；想當一名工程師的人，則不能不涉獵一點經濟學和管理學。

然而，從客觀需要出發來確定知識的比例，並不等於否定同一行業的人在知識結構上可以有各自的個性。在同一目標之下，不同比例的知識結構，常常也能發揮出獨特的功能。法拉第對於電磁實驗有豐富的知識，麥克斯韋則在理論上有很高的造詣，但他們從不同角度都對電磁理論的建立作出了傑出的貢獻。這說明，不同人知識結構的內部比例，除了必要的共性之外，還可以有各自不同的風格。

一般說來，按照比例原則，應當使我們的知識結構自然地形成核心、外圍、邊緣三個部分。就是說，既要將那些對於實現目標有決定意義的知識放在中心的、主導的地位，又要讓一切相關的知識在整個結構中占有恰當的、相應的位置。這樣，整個知識體系就會像宇宙中的太陽系一樣，一層比一層比重更輕，一層比一層範圍更廣，形成一個比例協調的統一體。為達此目的，我們在學習知識的過程中，就切不可平均使用力量，全面出擊，也不可倚輕倚重，以偏蓋全，愛之則猛吞，惡之則不顧。

3、層次原則

一個合理的知識結構，必須從低到高，由幾個不同層次所組成。層次原則，反映了知識結構內部縱向聯繫上的客觀要求。

聰明人認為，合理的知識結構可以分為三個不同的層次：基礎層次、中間層次和最高層次。基礎層次是指一個人必備的基礎文化知識；中間層次是指從事某項事業所需要的較為系統的專業知識；最高層次則是指關於該項事業的最新成就、攻堅方向和研究動態的知識。只有讓這三個層次組成一個寶塔形結構，一層比一層範圍更窄，一層比一層要求更高，才有利於我們更迅速、更有效地投入創造。在這三個層次之中，任何一個層次都不應當受到輕視。忽視了較低層次的知識，較高層次便成為空中樓閣，無法牢固地樹立；不掌握較高層次的知識，較低層次便成了無枝、無葉、無花、無果的根基，發揮不了應有的功能。因此，在學習過程中，基礎鋪得過寬、蜻蜓點水，樣樣通、樣樣鬆，或者抓住一點、不及其餘，急於在一個狹窄的領域裡一鳴驚人，都是不可取的。

有人說，我做的這一行很平凡，沒有什麼高精尖的東西，談不上知識的最高層次，這種認識是不對的。任何一項事業都有各自必須遵循的客觀規律，都有各自面臨的新情況和新問題。各行各業的人，他的知識結構都可以而且也應當有自己獨具特色的最高層次。「行行出狀元」，這句俗話所告訴人們的不正是這個道理嗎？因此，鄙薄自己的專業，看輕自己的職業，只能說是一種庸俗、淺薄的見解，是阻礙我們知識結構合理化的障礙，每個有志者都應當堅決清除它。

4、動態原則

世界上的一切事物，都處於不斷的運動、變化和發展之中。人們的知識體系，是相應於客觀事物在頭腦中的反映，如果不隨著客觀事物的發展而發展，就會逐漸處於落後的、陳舊的、甚至僵死的狀態。因此，一個合理的知識結構，必須是能夠不斷進行自我調節的動態結構。動態原則，反映了知識結構在發展變化過程中前後聯繫上的客觀要求。

在實際生活中，需要調節知識結構的情況，一般說來有三種。一是由於科技的發展：當代科技發展的速度日益加快，知識陳舊的週期日益縮短，這就要求人們的知識結構不斷更新；二是由於事業的需要：一個人離開學校之後就開始了實際的事業，而事業的需要與原有的知識準備完全相吻合的情況是十分少見的，這也要求人們經常調節知識結構；三是由於職業的變更：在複雜的社會生活中，一個人並不一定終生只從事一種職業，職業一變知識結構就得跟著變，比如奧斯特洛夫斯基原是一名軍人，癱瘓以後刻苦自學文學，迅速改變了知識結構，最後成為著名的蘇聯作家。

一位聰明人說：「在一個人的生活道路上，知識結構的更新是一件經常發生的事情。

為此，我們在學習期間，就應當努力為自己建造一種善於進行新陳代謝的開放性的知識結構。這樣的知識結構，應當具有基礎較寬、活性較強、便於同各種新知識相聯結等特點。而一切使知識結構僵硬化、固定化的學習態度和學習方法，都是應當拋棄的。」

培養組織管理能力

聰明人有本事，有人格魅力，團隊意識強，人際關係一般不錯。在日常生活中，他們非常重視培養自己的組織管理能力。

組織管理能力是指為了有效地實現目標，靈活地運用各種方法，把各種力量合理地組織和有效地協調起來的能力，包括協調關係的能力和善於用人的能力等等。組織管理能力，是一個人的知識、素質等基礎條件的外在綜合表現。現代社會是一個龐大的、錯綜複雜的系統結構，絕大多數工作往往需要多個人的協作才能完成。所以，從某種角度講，每一個人都是組織的領導者，承擔著一定的組織管理任務。因此，具備一定的組織管理能力，無論是對個人才智的發揮、事業的成功，還是對於國家的建設、社會的發展都具有極重要的意義。

一位聰明人撰文指出，組織管理能力的培養和訓練可以從以下幾個方面努力：

1、從心理上做好準備

領導者最重要的是具有強烈的責任感及自覺性。如果您已成為領導者，不論能力如何，只要有竭盡所能完成任務的幹勁及責任感，至少也會有相當的表現，所謂「勤能補拙」即是這個道理。

以這種心理準備去完成任務，即可自然而然產生自覺與自信，也在不知不覺之中獲得很大的進步。

有些人擔憂自己不適合做領導者，這是不正確的觀念。聰明人認為，每個人都有成為領導者的潛能，正如任何人天生都具有創造性一般，差別只在於是否能將這種與生俱來的天賦充分發揮。

2、最重要的是贏得別人的支持

聰明人常常強調，成為一個成功的領導者，百分之卅是得自於天賦、地位與權限，其餘的百分之七十則是由該組織成員的支持程度所構成。

所謂的天賦是指自小就活躍於群體中，且有不願屈居於他人之下的個性。地位及權限是指被上級任命為領導者之後，在組織內所擁有的職務及權力。相較之下，在構成領導能力的要素中，群體成員的支持及信賴顯然比天賦、地位、權限重要多了。

相反的，不管獲得多大的權限和地位，不論上級如何重視、支持，若無法獲得群體成員的支持，則只能算擁有三分之一的領導力，將來必會完全喪失權威。

3、學會傾聽、整合別人的意見

在群體領導者的必備條件中，最迫切需要的是良好的傾聽能力及擅於整合所有成員的意見。即使工作能力不是很出色，或拙於言辭，但若能當一個好聽眾，並整理綜合眾人的意見而制定目標，就算是一個優秀的組織管理人才。

領導者不能自己閉門造車，而要不厭其煩地傾聽別人的意見。擅於傾聽的領導者，容易使人產生親切感而更敢於親近。因此，他必是謙虛的，且要有學習的態度，才能成為一位好聽眾。相反的，自我表現欲過強者常令人敬而遠之。自己有說話的權力，更有聽別人說話的風度，這才是民主的最高表現。

如果領導者在與人談論時，能設身處地耐心聽人傾訴，並不忌談話時間的長短，這種領導者必能得到眾人的信服，所以做一個好聽眾是成為領導者相當重要的條件。現在的年輕人從小便被束縛於一連串的升學競爭之中，使身旁的朋友都變成學力測驗的敵手，很少有真正能知心交談的朋友，所以他們都由衷渴望能擁有傾訴自己煩惱的對象。

能設身處地為人著想者，便能以對方立場來思考或感覺，因此能讓人有體貼溫馨的感受。不過，隨著科技的日新月異，人與人之間的距離反而越來越遠，能為人著想的人已如鳳毛麟角，作為領導者具備此條件便更顯得迫切。

擅於整合大家的意見，就是盡量綜合所有成員的意向及想法，再經過分析整理，得出最具有代表性的結論。

對於看似互相對立或矛盾的意見，領導者須有能力找出兩者的共同之處，並挑出優點而予以「揚棄」，以掌握互相對立想法的中心思想，再創造第三個想法。

能辯證地整合、傾聽成員意見者，必是一個聰明人，也一定是一位優秀的領導者。即使開頭不能做得很好，只要以此為努力的方向，終將成為一名出色的領導者。

4、使別人清楚地了解你的觀念

我們人類的思考方式，往往是運用語言為傳播媒介，這種方式實在值得商榷。所謂思考，就是在腦海中「自問自答」，是對話的內在化。而賢問賢答，愚問愚答，是當然的事。發問和回答的技巧是相當重要的一環。

運用難懂、抽象化的文字，說矯揉造作的語言，會讓人摸不清頭緒，不知所以然，各成員對該領導者必然敬而遠之。即使語言學家為了使大家明瞭其理論，也必須從抽象的語言中走出來，將其觀念具體化。

常人往往在不自覺中陷於語言的形式，結果只知語言而不知其具體的意義，這種現象稱為固定觀念。所謂固定觀念，也就是先入為主。在打破固定觀念之前，好的創意便無法顯現。人類運用語言思考，往往把它抽象化，以求掌握自然的法則，這很容易拘泥於固定觀念。因此，必須注意觀念的具體化，盡量使語言和事實趨於統一，才能夠真正解決疑難。

要做到觀念具體化，必須付出相當的努力。人往往被語言所矇騙，以為已經明白其中意義。為了證實自己真正了解的程度，可以用「為什麼」、「譬如」等概念來自我檢討。「為什麼」是真理的探求與創造的最強大武器，「譬如」則是對實踐的理解。也就是說，領導者必須把知道的理論知識、經驗教訓靈活付諸於現實，方能取得應有成效。

聰明人知道，使觀念具體化，讓思想語言與事實更為接近，是不容忽略的大事。

5、熱意、誠意和創意

聰明人懂得「組織領導能力」強調領導能力。

熱心、誠意和創意，這就是組織領導者之道。

熱心就是抱著極大熱情去做事的態度。是振奮之心，是鬥志，也可以說是幹勁。組織領導者本身必須比團體成員多幾倍的熱心。

誠意就是真誠的意願，也就是要遵守諾言，言出必行。

允諾過的事，即使十分細微，也應竭力完成，才能獲取團體成員高度的信賴，不因忙碌而忽略約好的最細微處，這是傑出的領導者應該具備的。

所謂創意，就是在創造新事物的狂熱念頭趨使下，不滿足於現狀，常常向新事物挑戰，不斷為改善、革新、創造而下工夫，從而產生新穎、奇特、能夠幫助你實現願望的好點子。

改善是把有缺點、或不完美的地方加以改正；而革新則是針對本來已經很優良的事物，想辦法精益求精而作不懈的努力；創造即努力思考全新的事物，這也是創意的最高階段。富有創意的領導者往往倍受大家的推崇，我們應該將眼光放遠，不斷地努力到底。

以上說明的熱心、誠意和創意，仔細分析起來，無論是誠意或創意，都須依賴熱心的程度。熱心表現在人際關係上，成為誠意；表現在工作方面則會產生創意。這三者的關係是通行無阻的領導三要素。換言之，把這三者融為一體，便是組織領導之道，能夠做到這一點，你就步入聰明人的行列了。

從工作中尋找樂趣

當我們在做自己喜歡的事情時，很少感到疲倦，很多人都有這種感覺。比如在一個假日裡你到湖邊去釣魚，整整在湖邊坐了十個小時，可你一點都不覺得累，為什麼？因為釣魚是你的興趣所在，從釣魚中你享受到了快樂。產生疲倦的主要原因，是對生活厭倦，是對某項工作特別厭煩，這種心理上的疲倦感往往比肉體上的體力消耗更讓人難以支撐。心理學家曾經做過這樣一個實驗，他把十八名學生分成兩個小組，每組九人，讓一組的學生從事他們感興趣的工作，另一組的學生從事他們不感興趣的工作，沒過多長時間，從事自己所不感興趣的那組學生就開始出現小動作，再一會兒就抱怨頭痛、背痛，而另一組的學生正做得起勁呢！以上經驗告訴人們：人們疲倦往往不是工作本身造成的，而是因為工作的乏味、焦慮和挫折所引起的，它消磨了人對工作的活力與幹勁。

「我怎麼樣才能在工作中獲得樂趣呢？」一位企業家說，「我在一筆生意中剛剛虧損了十五萬元，我已經完蛋了，再沒臉見人了。」

很多人就常常這樣把自己的想法加入既成的事實。實際上，虧損了十五萬元是事實，但說自己完蛋了沒臉見人，那只是自己的想法。一位明白的英國人說過這樣一句名言：「人之所以不安，不是因為發生的事情，而是因為他們對發生的事情產生的想法。」也就是說，興趣的獲得也就是個人的心理體驗，而不是發生的事情本身。

事實上，明白人相信，生活中的很多時候，我們都能尋找到樂趣，正如亞伯拉罕·林肯所說的：「只要心裡想快樂，絕大部分人都能如願以償。」，但現實中的許多人不是從生活中、工作中去尋找樂趣，而是去等待樂趣，等待未來發生能給他們帶來快樂的事情，他們以為自己結婚以後、找到好工作以後、買下房子以後、孩子大學畢業以後、完成某項任務或取得某種勝利以後，就會快樂起來。這種人往往是痛苦多於快樂，他們不理解快樂是一種心理習慣，一種心理態度，這種態度是可以加以培養發展起來的。假如你是一個電話接線生或是一個小公司的會計，你因每天都做著相同的工作，處理客戶的來話、統計報表單調無味到了極點。假如你想讓自己的工作變得有趣一點，你就可以把自己每天的工作量都記錄下來，鞭策自己一天要比一天進步，第二天的工作要勝於前一天。一段時間後，你也許會發現你的工作不再是單調、枯燥，而是很有趣，因為你的心理上有了競爭，每天都懷有新的希望。心理學家加貝爾博士說：「快樂純粹是內在的，它不是由於客體，而是由於觀念、思想和態度而產生的。不論環境如何，個人的活動能夠發展和指導這些觀念、思想和態度。」

這些觀點雖然有一些偏激，但它可以支配人們排除外界條件的影響，還可以幫助人們對生活中司空見慣的工作帶來新鮮的、樸實的感覺，不管這項工作對其他人來說也許早已變得多麼乏味。每一件事，每一個人，從一定的意義上說都是珍奇獨特的，只要願意，這一切都是無窮無盡的快樂的源泉。只要你用快樂的心情去感受，你就能感到你身邊工作的快樂。這裡介紹幾種明白人從工作中獲得樂趣的方法：

1、把工作看成是創造力的表現

現實中的每一項工作都可以成為一種具有高度創造性的活動。一位教師上了一節好的課，不遜色於編排一出精彩的戲劇；一名運動員完美無缺的動作，從創造的角度來看，可以與十四行詩那樣的作品相媲美，並且可以獲得同樣的精神享受。也許你會說自己是一名家庭主婦，並沒有從事任何創造性的事業，這你就錯了！你是否想過，你的一日三餐就如設宴一樣，你對桌布、餐具的鑒賞力都有獨到之處，能別出心裁，怎麼說沒有創造性呢！年輕的畫家也許能從你那裡得到啟示：第一流的湯可以比第二流的畫更富有創造性。

2、把工作看成是自我滿足

為了自我滿足而從事體育運動是一種樂趣，如果這是強制的運動，就未必是愉快的；一位產科大夫似乎心情特別愉快，因他剛剛接生了第一百名嬰兒；一名足球運動員也因他剛踢進十個球而欣喜若狂，現在，他又為自己能踢進十一個球而興高采烈地開始了新的訓練。

3、把工作看成藝術創作

有一次，一位教授指著一位在附近挖排水溝的工人讚賞地說：「那是一個真正的藝人。

看著那些污泥竟能以鐵鍬上的形狀飛過空中，恰好落到他想讓它落下的地方。」假如每個人都把自己的工作當成藝術創作，把自己單調、枯燥的打字看成是坐在鋼琴前創作新的圓舞曲；把你在廚房炒菜，看作是油畫創作，油、鹽、醬、醋就是你的顏料，炒出的新花樣就是你創作的新作品。

4、把你的工作變為娛樂活動

把工作看作娛樂，就能以工作為消遣，在實際中很多人正是這樣做的。請記住，勞動和娛樂的不同就在於思想準備不同。娛樂是樂趣，而勞動則是「必做」的，假如你是職業足球員，又能把注意力放在娛樂上，你就可以像業餘足球員一樣，更加投入地比賽。這裡不是說比賽本身不重要，而是不要把全部精力集中到比賽這個「賭注」上，而忘記了踢球本身就是娛樂，常常是忘記了「比賽」，獲勝的機會反而更大。

明白人總是能從工作中獲得樂趣，在苦中亦能尋樂，這是他們人生幸福和成功的一大祕訣。心中充滿快樂時，自然感到身邊的工作也有趣；而終日自怨自艾，只能是無益地自尋苦惱。

Part 4

成敗第四步

致富有理

靠頭腦的靈活賺錢

把星星賣出去？

好的構想就是財富

狡黠和技術的制勝之方

追求最大利潤

要賺大錢僅有精明是不夠的

目光遠大才能賺大錢

先賠後賺？

吃虧賠錢也要講求信譽

在別人不願做的小商品上下功夫

人際關係是最重要的資產

先設想，而後努力付諸實踐

有積極心態就是一個聰明人

自信帶來成功

思維決定成敗

培養富裕的智慧

靠頭腦的靈活賺錢

德國有個農民叫漢斯，他因愛動腦筋，常常花費比別人更少的力氣，而獲得更好的收成，當地人都說他是個精明人。到了馬鈴薯收穫季節，農民就進入了最繁忙的時期。他們不僅要把馬鈴薯從地裡收回來，而且還要把它運送到附近的城裡去賣。為了賣個好價錢，大家都要先把馬鈴薯按個頭分成大、中、小三類。這樣做，勞動量實在太大了，每人都起早摸黑地做事，希望能快點把馬鈴薯運到城裡趕早上市。漢斯一家與眾不同，他們根本不做分揀馬鈴薯的工作，而是直接把馬鈴薯裝進麻袋裡運走。

漢斯一家「偷懶」的結果是，他家的馬鈴薯總是最早上市，因此，每次他賺的錢自然比別家的多。

一個鄰居發現了漢斯一家賺錢比自己多，但是不知道他們是怎樣做的。於是就悄悄地跟蹤，終於發現了其中的奧祕。

原來，漢斯每次向城裡送馬鈴薯時，沒有開車走一般人都愛走的平坦公路，而是載著裝馬鈴薯的麻袋跑一條顛簸不平的山路。因車子的不停顛簸，小的馬鈴薯就落到麻袋的最底部，而大的自然留在了上面。賣時仍然是大小能夠分開。由於節省了時間，漢斯的馬鈴薯上市最早，價錢自然就能賣得更理想了。

漢斯頭腦靈活，能夠在競爭中占先，不愧是一個精明人。

把星星賣出去？

美國史密森尼天文館出版的星象目錄中，有二十五萬顆星星還沒有正式命名。於是加州出現了一個「星象命名公司」，在全國大登廣告：星星出售你現在可以給一顆星星以你自己的名字或你愛人的名字命名！最先登記的二十五萬幸運者將名垂青史……你的星星和它的新名字，將永遠註冊於美國國會圖書館。每顆星星的命名費二十五美元。

很多人看了這廣告，但不想花二十五美元，就直接打電話給史密森尼天文館，詢問是否可免費以自己的名字命名。該館和哈佛天文觀測所是美國權威的天文研究機構，他們除了把測得的星象編號整理並出版目錄外，並不為星象命名。他們對這商業的噱頭當然啼笑皆非，不以為然。其實肉眼看得見的星星很早已有了傳統名字，比如晚上最亮的一顆星，一直叫作「天狼星」，或「狗星」。其他星星多半的名字，也一點都不羅曼蒂克。有一顆星，名字譯出來叫「馬臍眼」；另有一顆譯名是「中間那個胳肢窩」。這都不成問題。賣星星公司專門出售肉眼看不見、只有編號還沒命名的星星。二十五美元可以買一張星座圖，指出你買的那顆星的位置，並且還有一份正式登記證。

他們是怎麼扯上美國國會圖書館的呢？原來他們把史密森尼目錄的星星編號印在空頁上，每填滿一頁名字（大約一百個），就把它送到國會圖書館去登記版權。顯然這是發財的好主意。加拿大多倫多出現了一家同性質的公司，要價是每顆星二十五加元，他們還把新命的名字製成顯微膠片，「永遠」存在瑞士和多倫多的保險庫裡。這公司的老闆請約克大學一個教授寫一本書，把新命的名字附在其中，那書將會登記版權，於是他們也可以宣稱「在國會圖書館永遠註冊」了。

二十五元就能使自己的名字不朽於宇宙間，我們從來還沒聽過更廉價的買賣，難怪人們要趨之若鶩。對於精明人來說，發財致富其實就這麼簡單。

好的構想就是財富

美國有一個名叫約瑟夫的貧窮牧羊童，他每天都要帶羊群到草原上去放牧，可是羊群經常衝破鐵絲籬笆逃掉，因而每次都要受到主人的痛罵。

「怎樣才可造出羊無法衝破的籬笆呢？」喜歡動腦筋的他便開始想了。圍繞羊群的籬笆，一半是用鐵絲造成的，另一半是用荊棘造成。羊所衝破的籬笆總是用鐵絲造成的部分，用荊棘造成的部分從來沒有被衝破過。

「那是因為荊棘有刺，身體靠上去就會被刺痛。」當他想到這一點時，腦海裡閃爍著這件事：「那麼在鐵絲上加刺豈不就行啦！」他想到了這種方法後，跟他的父親商量，用鐵鉗把鐵絲剪為五公分左右的長度，然後在籬笆的鐵絲上到處紮結。這是為了把那些剪短的鐵絲當刺，這樣羊再也不會衝破籬笆了。

這位少年對專利了解得很清楚，因此馬上向專利局提出申請。專利權批准之後，這種帶刺鐵絲除了約瑟夫之外，別人就不能製造。這種帶刺的鐵絲，很快就在全美國得到應用。於是訂單從各地紛紛而來。不久，有些商人竟掛起「防盜用鐵絲」的招牌，使得約瑟夫父子的商品更加供不應求。而且，這種帶刺的鐵絲在戰爭期間還被應用在防禦工事上。於是，約瑟夫父子就以「只要付出銷售額的百分之二作為特許權使用費，任何國家都可製造」為條件，與不少國家的商人簽訂了合同。

十年後，約瑟夫的財產多到幾乎無法計算。他為了要準確了解自己的財產到底有多少，僱用了十一個人，費時十四個月才統計清楚。

約瑟夫發財依靠的就是頭腦靈活，他是一個典型的精明人。

狡黠和技術的制勝之方

約翰・戴維・洛克斐勒是洛克斐勒王朝的開山鼻祖，他從小就是一個精明人。他小的時候，和其他一些同齡的孩子一樣，做過教堂裡的侍童。他是否使用助人為樂的捐贈箱做過什麼事，人們並不知道。但在一八四六年，他才七歲的時候，就把自己的薪俸以七釐的利率借給了朋友們。為他作傳的人說：「從小他就知道錢可以生錢。」

洛克斐勒十八歲的時候，和一個叫M・克拉克的愛爾蘭人合夥開了一家運輸行。不過，洛克斐勒的野心比這要大得多。距他的運輸行不遠的克里夫蘭（俄亥俄州第一大城），偶然發現了油田。美國就像幾十年前的淘金熱一樣，又出現了開採石油熱。在台塔斯維爾和石油城之間二十五公里的地區竟有鑽機十五萬台之多，這其中也有不安分的洛克斐勒的鑽機。在此期間，洛克斐勒認識了一位英國技師，這個人有一座煉油廠，但因錢財拮据，無力經營，於是洛克斐勒就以無息的方式把錢借給他，但是工廠要算兩人共有。

這樣，洛克斐勒又開闢了一個新的生財之道：狡黠加技術。

腦子裡總是盤算著如何賺錢的洛克斐勒，見到此地有這樣多的鑽機，就又從鑽機上打主意。他想：有鑽機就需要有運輸，開採出石油來還要提煉，剩下的油渣還可以利用，石油產品還需要銷售……於是他建立了美孚石油公司。當別人的煉油廠紛紛倒閉的時候，他的生意卻越來越大，成了市場的主宰。到一八七二年他已擁有二十多家企業，並完全控制了整個大西洋沿岸原油及其產品的價格。

一八九〇年，洛克斐勒一家的財產達到三億多美元，而到一九一一年，當約翰告老退休時，他家的財產已超過十億美元。

洛克斐勒成了許多精明人的榜樣。

追求最大利潤

精明人往往非常注重經濟利益，一旦經商，他們就會把利潤看得很重。

許多精明的百萬富翁並不諱言：經營當以「追求最大利潤」為最高原則。

許多美國人覺得東方人是精明的討價還價者。不管在國際談判桌上，還是在汽車交易商的辦公室裡，東方人都是這樣。大多數東方人從很小的時候就有意無意地受到這樣的薰陶，即奮力爭取優勢地位是很重要的。當他們花一分錢時，便指望得到比一分錢更多的回報。

那些在小地方斤斤計較的精明人，同樣在重要的事情中也會捍衛自己的利益，他們知道利潤對於經營者來說非常重要。

喬治的一生中有一種一如既往、毫不更改的慣性，即他總是上當受騙。儘管他是一位在商場上非常成功的企業家，可是他也曾是一位長年的失敗者。有一回，他講述了一個十分有趣的故事：他六歲的時候，在自家門前擺了一個小攤，賣母親冰箱中存放的食品。他取出蔬菜、水果、雞蛋，在每一樣東西上貼一個標好價的標籤。他每個雞蛋賣一分錢，而他的母親買的這些雞蛋每個花了三分錢。他很快就將雞蛋和蔬菜賣個精光，賠了本錢。喬治的母親十分溺愛孩子，並且覺得這很好玩，因此從未向小喬治大講做生意的目的是賺取利潤的道理。

多年以後，他的買賣出現了歷史性的轉折。他和妻子瑪麗都在跳蚤市場工作。他與另一位展銷商進行易貨交易，用零售價為二十五美元的一件產品換了一件五美元的東西。他跟瑪麗講了這件事之後，她的腦海裡馬上閃過一個念頭：喬治又讓別人騙了。

瑪麗對喬治說，錢的差價是件小事，可是重要的是，你必須不再重蹈做虧本買賣的覆轍。就在那時，他的內心發生了某種不同尋常的變化，他頭一回發現自己過去的所作所為是何等荒唐可笑啊！

他對瑪麗說：「從此我再不做虧本生意了。明天我要回去告訴那位商人，我做了一筆糊塗的虧本生意，問他打算怎麼辦。」

瑪麗對他說別惦記著這事。瑪麗知道，喬治回去找人家是很棘手的，尤其是這次易貨交易涉及的錢數額這麼小。

開始變得精明的喬治有生以來第一次下決心學習怎樣改正自己過去的行為。喬治對瑪麗說：「回去爭個公道對我來說沒有什麼可損失的，只有獲取。最壞的結果不過是他不承認而已。我可以察顏觀色，向他學習怎麼處理這種紛爭。」

喬治回去找到那位商販，重新洽談了那筆小交易。他又從商販那裡獲得了幾樣東西，彌補了交易的差價。

這個故事聽起來也許是區區小事，不足掛齒。然而，無論我們是與公司舉行錯綜複雜的談判，還是料理日常平凡的瑣事，我們總是通過同一個地方我們堅強的或者脆弱的心靈來進行。表現形式或許不同，可是動機的來源卻是一樣的。

因此，喬治最終悟出：經營當以「追求最大利潤」為最高原則。這正是許多精明人在追逐成功的過程中一向強調的。

要賺大錢僅有精明是不夠的

有一個商人，做的是收購糖的買賣。每天向村民們收購完糖後，他總是在家將糖裝進籮筐或者麻袋裡，然後再運到鎮上去賣掉。就在他分裝糖的時候，總是會不小心掉下一些糖，而他卻從來不在乎，覺得損失那點兒糖算不了什麼。

不過，商人的妻子卻是個有心人。她看到每次丈夫分裝完糖以後，地上都會撒些糖，覺得很可惜，就悄悄把那些糖重新收起來，裝進麻袋裡。不知不覺之間居然攢了四大麻袋糖。

後來，有一段時間蔗糖突然短缺，商人很長時間收不到糖，生意一時間沒辦法做了，幾乎蝕了本。妻子想起自己平時存下的糖，就拿了出來，化解了商人的燃眉之急，還掙了一筆錢。

這件事一傳十、十傳百，很快就傳到了鎮上。鎮上有對夫妻開了一家文具店，妻子聽說這件事，先是感動，後來又覺得很受啟發，心裡也很想在關鍵時刻幫助丈夫。於是，她開始趁丈夫不注意時把報紙、記事本、日曆等貨物偷偷收藏起來，以備貨物緊缺時用。過了大約兩年時間，妻子覺得到了給丈夫一個驚喜的時候了，就洋洋得意地叫丈夫到後房去看。丈夫不看還好，一看險些昏過去。妻子收藏起的東西不是過時了，就是發霉了，還有誰會要呢？

這個商人的妻子或許精明卻不聰明，她只是有些小聰明，而沒有靈活思維的大智慧，因此有時會做出蠢事。想賺大錢僅僅精明是不夠的，要學會聰明，懂得重長遠、趨大利，還要善於審時度勢。

目光遠大才能賺大錢

哈拉里和拉比這對戀人九〇年代初在大學讀繪畫藝術，並沉浸在海報的藝術靈感之中。有一天，拉比突發奇想，這麼精美的藝術作品，何不將它拿出去賣錢？兩人一拍即合。沒想到一張海報竟賣了五美元！五美元不多，但意義非同小可。從賣出第一幅校園海報開始，他們就確信，未來的唯一選擇就是做一個創業者了，因為他們從交易中找到了成功的感覺，發現了自己除具有技術能力外，還具有非凡的商業能力！而這些是一個創業者必備的素質，尤其是商業能力更是創業者必備的第一素質。我們許多年輕的創業者，往往容易忽視這一點，以為在技術方面超群，在商業上也能出類拔萃，而疏忽了商業能力的培育和發掘。許多創業者在這一點上是有切膚之痛的。

因此，創業者從細小的生活細節，了解自己的潛質，確立自己的創業方向，是至關重要的一步。

一九九四年，哈拉里和拉比畢業後，用賣海報所掙的一萬美元投資製造了一種叫「地球伙伴」的玻璃頭飾，一個月的銷售額就達一百萬美元。後來，他們認識了學國際商貿的瓦拉迪。瓦拉迪的加盟又使他們如虎添翼，在技術上不斷創新，在業務上不斷拓展，生意十分紅火。拉比回憶道：「在創業的前一年半中，我要做的事情就是堅持，以及滿足突如其來的大量需求。」繼「地球伙伴」的成功之後，他們設計的另外兩種產品魔棍橡膠玩具也大受歡迎，而一九九八年生產的空壓動力玩具飛機更是風靡歐美。

現在，已有很多買家提出收購這家公司，但這三個年輕人不為所動。他們認為，自己有能力將公司做得更好，技術能力和商業渠道都很成熟，管理也有條不紊。談到成功的經驗，拉比說：「年輕時思維敏捷，又有商業潛質，而你又能及時發現這種潛質，並有意識地發展它，那麼你成功的機率就是雙倍的。」

哈拉里和拉比創建的加拿大多倫多Spin master玩具公司，一九九八年銷售額是兩百萬美元，一九九九年銷售額已達四百二十萬美元。

哈拉里和拉比目光遠大，善於權衡大小，重長遠，趨大利，不爭一時的利益，不愧是聰明人。

先賠後賺？

島村芳雄是日本東京島村產業公司的董事長。他原先在一家包裝材料廠當店員，後來改行做麻繩生意。就在他做麻繩生意時，創出商界著名的「原價銷售術」。

島村的原價銷售術很簡單，首先他以五角錢的價格到麻繩廠大量購進四十五公分的麻繩，然後按原價賣給東京一帶的工廠。完全無利的生意做了一年後，「島村的繩索確實便宜」的名聲遠播，訂貨單從各地雪片般飛來。此時，島村開始按部就班地採取行動，他拿購貨收據前去訂貨客戶處說：「到現在為止，我是一毛錢也沒有賺你們的。但是，這樣讓我繼續為你們服務的話，我便只有破產一條路可走了。」這樣與客戶交涉的結果，是客戶為他的誠實所感動，甘願把交貨價格提高為五角五分。同時，島村又到麻繩廠商洽：「你們賣給我一條五角錢，我一直是原價賣給別人，因此才得到現在這麼多的訂貨。如果這賠本的生意讓我繼續做下去，我只有關門倒閉了。」廠方一看他開給客戶的收據存根，大吃一驚。這樣甘願不賺錢的生意人，麻繩廠還是第一次遇到，於是毫不猶豫地一口答應他一條算四角五分。

如此一來，以當時他一天一千萬條的交貨量計算，他一天的利潤就是一百萬日元。創業兩年後，他就成為譽滿日本的生意人。島村的成功，不能不說是他巧用了敢於自己吃虧的「原價銷售術」。

目光遠大，善於從長遠利益考慮問題，不計較一時的賠賺，正是聰明人所特有的賺錢風格。

吃虧賠錢也要講求信譽

奧斯曼是一個聰明人，他善於從長遠考慮問題，為了信譽寧願暫時賠錢。他目光遠大的作風給世人留下了深刻的印象。

一九四〇年，奧斯曼以優異的成績畢業於開羅大學並獲得了工學院學士學位，重新回到了伊斯梅利亞城。貧窮的大學畢業生想自謀出路，當一名建築承包商。這在商人看來簡直是白日做夢。奧斯曼也陷入窘境：「我身無分文，但我立志於從事建築業。為了這種目的，我可以委曲求全，從零開始。」

奧斯曼的舅父是一名建築承包商，他曾經開導奧斯曼：要有自己的思想，不要人云亦云。奧斯曼為了籌集資金，學習承包業務，鞏固大學所學的知識，便到了舅父的承包行當幫手。在工作中奧斯曼注意積累工作經驗，了解施工所需要的一切程序，了解提高功效、節省材料的方法。一年多的實踐讓奧斯曼收穫不小，但也有不少感慨：「舅父是一個缺乏資金的建築承包商。設備陳舊，技術落後，無力與歐洲承包公司競爭。我必須擁有自己的公司，成為一名有知識、有技術、能同歐洲人競爭的承包商。」

一九四二年，奧斯曼離開舅父，開始了自己當建築承包商的夢想。他手裡僅有一百八十埃鎊，卻籌辦了自己的建築承包行。

奧斯曼相信事在人為，人能改變環境，不能成為環境的奴隸。根據在舅父承包行所獲得的工作經驗，他確立了自己的經營原則：「謀事以誠，平等相待，信譽為重。」創業初期，奧斯曼不管業務大小、盈利多少，都積極爭取。他第一次承包的是一個極小的項目為一個雜貨店老闆設計一個鋪面，合約金只有三埃鎊。但他沒有拒絕這筆微不足道的買賣，仍是頗費苦心，毫不馬虎。他設計的店面滿足了雜貨店老闆的心意，雜貨店老闆逢人便稱讚奧斯曼，於是奧斯曼的信譽日益上升。奧斯曼的經營之道贏得了顧客的信任，他的承包業務日漸發展。

一九五二年，英國殖民者為了鎮壓埃及人民的抗英鬥爭，出動飛機轟炸蘇伊士運河沿岸村莊，村民流離失所。奧斯曼承包公司開始了為村民重建家園的工作，用兩個月時間，為一百六十多戶村民重建了房屋，他的公司獲利五十四萬美金。

二十世紀五〇年代後，海灣地區大量發現和開發石油，各國統治者相繼加快本國建設步伐，他們需要擴建皇宮、建造兵營、修築公路。這給了奧斯曼一個發財的機會，他以創業者的遠見，率領自己的公司開進了海灣地區。他面見沙烏地阿拉伯國王，陳述自己的意圖，並向國王保證：他將以低投標、高質量、講信譽來承包工程。沙烏地阿拉伯國王答應了奧斯曼的請求。後來工程完工時，奧斯曼請來國王主持儀式，國王對此極為滿意。

「人先信而後求能」。奧斯曼講求信譽、保證質量的為人處世方法和經營原則，使他的影響不斷擴大。隨後幾年，奧斯曼在科威特、約旦、蘇丹、利比亞等國建立了自己的分公司，成為享譽中東地區的大建築承包商。

奧斯曼講求信譽的做法，在一定情況下會使自己吃虧。但在這種情況下，吃虧畢竟是暫時的。

一九六〇年，奧斯曼承包了世界上著名的亞斯文水壩工程。地質構造複雜、氣溫高、機械老化等不利因素給建築者帶來了重重困難。從所獲利潤來說，承包亞斯文水壩工程還不如在國外承包一件大建築。奧斯曼克服一切困難，完成了亞斯文水壩第一期的工程。但隨後卻發生了一件讓奧斯曼意料不到的事情，讓他吃了大虧。

納賽爾總統於一九六一年宣布國有化法令，私人大企業被收歸國有，奧斯曼公司在劫難逃。國有化後，奧斯曼公司每年只能收取利潤的百分之四，奧斯曼本人的年薪僅為三十五萬美元，這對奧斯曼和他的公司都是一次沉重的打擊。奧斯曼沒有忘記自己的諾言，他委屈求全，絲毫不記恨，繼續修建亞斯文水壩。

納賽爾總統看到了奧斯曼對亞斯文水壩工程所做的卓越貢獻，於一九六四年授予奧斯曼一級共和國勳章。奧斯曼保全了自己的形象與自己的處事原則，他並沒有白吃虧。一九七〇年薩達特執政後，發還了被國有化的私人資本。奧斯曼公司影響擴大，參加了埃及許多大工程的單獨承包。奧斯曼本人到一九八一年擁有四十億美元，成為馳名中東的億萬富翁。

與人交往，最重要的就是要講信譽。這一信條在商界同樣適用。

聰明人知道，在經營中講求信譽的做法，在一定情況下會使自己吃些虧。但商界有這樣一種說法：「有虧必有盈」，某次因為講求信譽而吃虧或經濟利益受損，卻會給自己長遠的事業帶來積極的影響甚至長遠的影響。

在別人不願做的小商品上下功夫

新田富夫是一個善於重長遠、趨大利、不爭一時之先的聰明人。

當新田富夫最初拆開一個拋棄式打火機時，他只是對這種新式打火機很感興趣。而當他發現每支拋棄式打火機可連續使用一千次，售價卻比一千根火柴要低許多時，新田富夫頭腦中潛在的那種日本人特有的善於經商的火花一下子被點燃了：生產這種拋棄式打火機大大有利可圖。後來，他果然做成了舉世矚目的大生意拋棄式打火機產品占領了日本國內市場的百分之九十，在世界拋棄式打火機市場上成為第二大供應商。

新田富夫畢業於一所電氣專科學校，善於觀察、肯動腦筋的他總是對一些陌生的新產品、各種電器甚至一些新奇的玩具抱有濃厚興趣。畢業後，他來到一家打火機製造廠工作。當時是二十世紀七〇年代初，日本的打火機市場上還沒有出現過拋棄式打火機。但是細心的新田富夫在一本雜誌上讀到法國一家公司一九七〇年出售過拋棄式打火機。出於職業的敏感，他跑遍圖書館和資料室，弄到一份介紹這種新式打火機的資料，又費盡周折買到幾個樣機。他開始精心地分析研究樣機。這種拋棄式打火機先灌好燃料，機身密封非常好，不漏氣，而且耐用，攜帶和使用都比火柴方便。新田富夫算了一下，一千根火柴要花四百日元，而一個拋棄式打火機可以連續使用一千次，其成本可控制在一百日元以內，這是多麼大的利潤啊！他當即決定要仿製生產這種新型打火機。

創業之初並不是一帆風順的。新田富夫頭兩次與人合作生產，不是因為質量不過關，就是打火機漏氣。兩次嘗試，兩次失敗，難道就此罷手嗎？作為一個聰明人，自信心往往是很強的。新田富夫沒有氣餒，他斷定拋棄式打火機必將慢慢普及，它的市場前景非常廣闊，他堅信自己繼續努力研製下去會有突破的。

為了攻克質量關，新田富夫將市場上各種品牌的拋棄式打火機全部搜集回來，進行分析對比，解剖研究。為此，還特地去了一趟法國，以獲取拋棄式打火機的最先進的資料和技術。皇天不負有心人，新田富夫終於研究出用超音波熔接接頭，使裝液化氣的機身高度密封，克服了幾乎所有拋棄式打火機的漏氣通病。此外，他還將歐洲同類產品的金屬機身改進為透明塑膠，這樣，消費者隨時可以看清液化氣剩餘量，也消除了對漏氣的不安。

新產品試製成功後，新田決定獨自生產。一九七二年，他自籌五百萬日元，成立東海精器公司，以「蒂爾蒂・米蒂爾」牌子推出自己的新型拋棄式打火機，立即受到消費者的青睞。

在技術開發與生產中，新田富夫是個內行人。在公司的經營管理上，他也顯露出超出常人的才能。這再次顯示了他的聰明。

新田富夫一開始就為自己的產品找到一個明確的市場定位：面向廣大中下層人士。因此，在產品定價上，新田富夫提出一個「百元打火機」的經營宗旨，即打火機的售價為一百日元。它比使用價值相同的一千根火柴的價格便宜百分之七十五，比它的競爭對手世界最大的拋棄式打火機製造公司的「比克」牌售價低百分之五十。新田富夫「百元打火機」的定價策略實在是高明之舉。首先，它符合薄利多銷的生意經並不是所有商品都適合套用。拋棄式打火機這種大眾化消費品可以為薄利多銷做最完美的註腳。其次，「百元打火機」一投放市場，就以其比同類產品價格低得多的優勢扎根生存下來，迴避了市場風險。此外，新田的這種薄利價格策略迎合了當時日本的社會環境。七〇年代的日本由於生活費用較高，社會上提倡家庭計畫開支，一個男人每天在外喝咖啡要兩百日元，買報紙一百日元，買香煙一百五十日元，買個打火機花上一百日元還算不上「超支」。

一種好產品要有與之相稱的銷售途徑。新田富夫深知，他的拋棄式打火機雖然方便適用，卻與高級打火機不能比，如果也擺在百貨公司的櫃台裡出售，就脫離了最適合消費它的大眾。所以，在制定營銷策略時，新田富夫把大眾消費者常去的香菸攤、雜貨店和車站等公共場所的小店作為主要銷售渠道。在產品投產後不久，新田富夫便與東京煙斗公司商談合作，在全日本二十五萬個銷售店建立長期供貨關係。這樣，東海精器公司的「蒂爾蒂・米蒂爾」拋棄式打火機銷路很快就在全國打開。

與此同時，東海精器公司展開了強大的廣告宣傳攻勢。適逢世界拳王阿里要來日本比賽，新田富夫抓住電視台實況轉播的機會，投入三千五百萬日元把「蒂爾蒂・米蒂爾」登上電視廣告。此舉使東海精器公司及其產品知名度大大提高，「蒂爾蒂・米蒂爾」打火機在各地的銷量急劇上升。此後，東海精器公司每年都要投入三十五億至八億日元用於廣告宣傳，「蒂爾蒂・米蒂爾」成為日本家喻戶曉的著名品牌。

為了維護打火機的定價不超過一百日元，東海精品公司通過不斷提高勞動生產率來降低生產成本。在一九八〇年竣工的東海公司富夫工廠裡，原來的許多人工操作的工序已改革為自動化生產，在電腦控制下，塑料機身、瓦斯控制件、火焰調整輪、打火齒輪等部位從自動生產線上下來，減少了次級品，生產率大幅度提高。現在，每支打火機總成本降到三十日元，出廠價為五十日元，市場售價控制在一百日元以內已不成問題。

聰明人知道，小商品同樣能做成大生意，賺取高額利潤。其關鍵在於經商者要有長遠眼光。從當時看沒利，並不說明將來也沒利。能不能放開眼界，從近期的短暫利益中走出來，這是最重要的。拋棄式打火機是人們生活中一種微不足道的小東西，一般人都不屑一顧，認為生產它沒什麼利可圖。但是做生意就是這樣：誰也不願意去經營的商品你去做了，你就可能抓住了賺錢的機會。真正的有心人，同樣能在小商品上作出驚天動地的大文章。

人際關係是最重要的資產

一個聰明人指出：一個人事業的成功，只有百分之十五是依靠他的專業技術，百分之八十五要靠人際關係、處世技巧。

只想靠自己的力量賺錢的人在認知上存在錯誤。你發財了，這裡面凝聚了你的心血，所以你並不必對別人客氣。不過，你應該自知：你單獨一人是很難賺到錢的。個人的力量畢竟有限，能賺大錢的人往往最知道如何借重別人的力量。當他遇到困難，自己不能解決時，就知道如何獲得別人的援助。知道分工合作，他只做那些別人不會做的事。請記住這個法則：你要獲得別人幫助，必先幫助別人。幫助別人越多，未來的收穫也越大，唯有愚蠢的人才想盡辦法去奴役他人，希望他人毫無條件地為他盡力。

有位在事業上頗有建樹的聰明人，他的辦公室比入口處稍微低一點，這是他特別設計的。這種設計的主要目的是：當客人由入口進入辦公室時，他站在較低的客廳裡迎接他們。這是種謙虛的表示法，也是誠意的表現。直到現在，這位朋友經商沒有大的失敗。這都有賴於顧客、下屬、朋友的鼎力相助。

高木悟郎是一個非常重視人際關係的聰明人。

高木悟郎是一名印刷業務承攬者，他沒有一架印刷機，也沒有一個鉛字，說明白點，他只是個「印刷掮客」。然而他的生意卻做得不錯，他到處去找客戶，把生意送到印刷廠去，從中賺取佣金。他的佣金並不是賺顧客的，而是在「批發價」和「零售價」之間賺取差額利潤。

作為中間人開展印刷業務，費用可以比市價便宜，這就是高木贏取顧客芳心的主要原因。他自己賺了一手，顧客也占了便宜。至於印刷廠呢？由於得到中間人的照顧，他們可以少請幾個業務員，並且生意又穩當，何樂而不為呢？

高木住郊外，他在市中心租了一間辦公室，月租七千日元。他請了一位小姐專門接電話。當然最初做生意連這個費用都可以節省，而且像他這種專靠人際關係賺錢的人並不需要什麼華麗的辦公室。

高木不愧是一個聰明人，他的成功祕訣就是廣結善緣，活用人際關係。他結交了許多朋友，這些朋友分散在各個公司，因此各個公司的生意都願意介紹給他。他的顧客還會介紹其他的顧客。如此朋友越來越多，顧客也就越來越多，生意自然越做越大。

他的生意簡直不需要什麼本錢，他的本錢，就是那無形的資產人際關係。因此高木說：

「自立開業無需本錢，只要有人際關係。」

先設想，而後努力付諸實踐

曾有人向皮爾・卡登請教過成功的祕訣，他很坦率地說：「創新！先有設想，而後付諸實踐，又不斷進行自我懷疑。這就是我的成功祕訣。」

十九世紀初的一天，二十三歲的皮爾・卡登騎著一輛舊自行車，躊躇滿志地來到了法國首都巴黎。他先後在「帕坎」、「希亞帕勒里」和「迪奧」這三家巴黎最負盛名的時裝店當了五年的學徒。由於他勤奮好學，很快便掌握了從設計、裁剪到縫製的全過程，同時也確立了自己對時裝的獨特理解。他認為，時裝是「心靈的外在體現，是一種和人聯繫的禮貌標誌」。在巴黎大學的門前，一位年輕漂亮的女大學生引起了皮爾・卡登的注意。這位姑娘雖然只穿了一件平常的連衣裙，但身材苗條，胸部、臀部的線條十分優美。皮爾・卡登心想：這位姑娘如果穿上我設計的服裝，一定會更加光彩照人。於是，他聘請二十多位年輕漂亮的女大學生，組成了一支業餘時裝模特兒隊。

後來，皮爾・卡登在巴黎舉辦了一次別開生面的時裝展示會。伴隨著優美的旋律，身穿各式時裝的模特兒逐個登場，頓時令全場的觀眾耳目一新。時裝模特兒的精彩表演，使皮爾・卡登的展示會獲得了意外的成功，巴黎所有的報紙幾乎都報導了這次展示會的盛況，訂單像雪片般飛來。皮爾・卡登第一次體驗到成功的喜悅。

在服裝業中取得輝煌的成功之後，皮爾・卡登又把目光投向了新的領域。他在巴黎創建了「皮爾・卡登文化中心」，裡面設有電影院、畫廊、工藝美術拍賣行、歌劇院等，成為巴黎的一大景觀。

巴黎的一家「馬克西姆」餐廳瀕臨破產。由於這家餐廳建於一八九三年，歷史悠久，當店主打算拍賣時，美國、沙烏地阿拉伯等國家的大財團都有意購買。皮爾・卡登不想讓法國歷史上有名的餐廳落到外國人手上，於是他用一百五十萬美元的高價，買下了馬克西姆餐廳。

皮爾・卡登將到餐廳用餐提高到一種生活享受的程度，不僅讓客人品嘗到馳名世界的法式大菜，同時也讓客人享受到「馬克西姆」高水準、有特色的服務。經過皮爾・卡登的精心調治，三年後，馬克西姆餐廳竟然奇跡般地復活了。它不僅恢復了昔日的光彩，而且影響遍及全球。

從一個小裁縫走向億萬富翁，皮爾・卡登創造了一個商業王國的傳奇。而所有這一切都是他用每天工作十八個小時的代價換來的。「我的娛樂就是我的工作！」在皮爾・卡登的那間綠色辦公室裡，有一個地球儀，這個沒有時間娛樂的大師也許可以從中數清楚他的帝國在地球上有多少個點。他從中感到了一種巨大的滿足，一種生活的樂趣。

皮爾・卡登目光遠大，善於控制約束自己，以苦為樂，並終於取得了驕人的成績。僅從這一點來說，他就是一個聰明人。

有積極心態就是一個聰明人

五年前，斯蒂芬・阿爾法經營著小本農具買賣。他過著平凡而又體面的生活，但並不理想。他家的房子太小，也沒有錢買他們想要的東西。阿爾法的妻子並沒有抱怨，很顯然，她只是安於天命而並不幸福。

但阿爾法的內心深處變得越來越不滿。當他意識到愛妻和他的兩個孩子並沒有過上好日子的時候，心裡就感到深深的刺痛。

但是今天，一切都有了極大的變化。現在，阿爾法有了一所占地兩英畝的漂亮新家。他和妻子再也不用擔心能否送他們的孩子上一所好的大學了，他的妻子在花錢買衣服的時候也不再有那種拮据的感覺了。第二年夏天，他們全家都去歐洲度假。阿爾法過上了真正的生活。

阿爾法說：「這一切的發生，是因為我利用了信念的力量。五年以前，我聽說在底特律有一個經營農具的工作。那時，我們還住在克利夫蘭。我決定試試，希望能多掙一點錢。

我到達底特律的時間是星期天的早晨，但公司與我面談還得等到星期一。晚飯後，我坐在旅館裡沉思默想，突然覺得自己是多麼的可憎。『這到底是為什麼！』我問自己，『失敗為什麼總屬於我呢？』」

阿爾法不知道那天是什麼促使他做了這樣一件事：他取了一張旅館的信箋，寫下幾個他非常熟悉的、在近幾年內遠遠超過他的人的名字。其中兩個原是鄰近的農場主，現已搬到更好的邊遠地區去了；其他兩位阿爾法曾經為他們工作過；最後一位則是他的妹夫。

阿爾法問自己：這五位朋友擁有的優勢是什麼？他把自己的智力與他們作了一個比較，阿爾法覺得他們並不比自己更聰明。而他們所受的教育、他們的正直、個人習性等，也並不擁有任何優勢。終於，阿爾法想到了另一個成功的因素，即主動性。阿爾法不得不承認，他的朋友們在這點上勝他一籌。

當時已快深夜三點鐘了，但阿爾法的腦子卻還十分清醒，他第一次發現了自己的弱點。他深刻地反思自己，發現缺少主動性的原因是自己在內心深處並不看重自己。

阿爾法坐著度過了殘夜，回憶著過去的一切。從他記事起，便缺乏自信心，他發現過去的自己總是在自尋煩惱，總是對自己說「不行，不行，不行！」他總在表現自己的短處，幾乎他所做的一切都表現出了這種自我貶值。

阿爾法終於明白了：如果自己都不信任自己的話，那麼將沒有人信任你！

於是，阿爾法作出了決定：「我一直都是把自己當成一個二等公民，從今後，我再也不這樣想了。」

第二天上午，阿爾法仍保持著那種自信心。他決心以這次與公司的面談作為對自己自信心的第一次考驗。在這次面談前，阿爾法希望自己有勇氣提出比原來工資高七百五十甚至一千美元的要求。但經過這次自我反省後，阿爾法認識到了自己的價值，因而把這個目標提到了三千五百美元。

結果，阿爾法達到了目的。他獲得成功。

阿爾法是依靠強大的自信獲得成功的，僅從這一點來看，他也稱得上是一個聰明人。

自信帶來成功

聰明人往往目光遠大，自信心強，重長遠，趨大利。威爾遜就是這樣一個聰明人。

威爾遜在創業之初，全部家當只有一台分期付款賒來的爆米花機，價值五十美元。第二次世界大戰結束後，威爾遜做生意賺了點錢，便決定從事房地產生意。如果說這是威爾遜的成功目標，那麼，這一目標的確定，就是基於他對自己的市場需求預測充滿信心。

當時，在美國從事房地產生意的人並不多，因為戰後人們一般都比較窮，買地皮修房子、建商店、蓋廠房的人很少，地皮的價格也很低。當親朋好友聽說威爾遜要做地皮生意時，異口同聲地反對。

而威爾遜卻堅持己見，他認為反對他的人目光短淺。他認為雖然連年的戰爭使美國的經濟很不景氣，但美國是戰勝國，它的經濟會很快進入大發展時期。到那時買地皮的人一定會增多，地皮的價格會暴漲。

於是，威爾遜用手頭的全部資金再加上一部分貸款，在市郊買下很大的一片荒地。這片土地由於地勢低窪，不適宜耕種，所以很少有人問津。可是威爾遜親自觀察了以後，還是決定買下這片荒地。他的預測是，美國經濟會很快繁榮，城市人口會日益增多，市區將會不斷擴大，必然向郊區延伸。在不遠的將來，這片土地一定會變成黃金地段。

後來的事實正如威爾遜所料。不出三年，城市人口遽增，市區迅速發展，大馬路一直修到威爾遜買的土地的邊上。這時，人們才發現，這片土地周圍風景宜人，是人們夏日避暑的好地方。於是，這片土地價格竄升，許多商人競相出高價購買，但威爾遜不為眼前的利益所惑，他還有更長遠的打算。後來，威爾遜在這片土地上蓋起了一座汽車旅館，命名為「假日旅館」。由於它的地理位置好，舒適方便，所以開業後顧客盈門，生意非常興隆。從此以後，威爾遜的生意越做越大，他的假日旅館逐步遍及世界各地。

威爾遜的經歷告訴我們：聰明人往往非常自信，而自信與人生的成敗息息相關。

思維決定成敗

一位哲人曾說：「無論你身處何境，都是自己的選擇。」我們往往把失敗歸罪於客觀世界，而不願意作內心的反省你為什麼不成功？你應該仔細思考這個問題。許多人都曾經想過它，但得到的結論幾乎相同：「條件有限！」

因為條件限制，許多人就這樣認定自己難以改善命運。內心的消極情緒占了上風，自己選擇了失敗的宿命。他們總認為自己只要有足夠的資金，就可以做得和別人一樣好。這可能是事實。但是，他們本應該積極地去爭取這些足夠的資金！

幾年以前，齊格到密執安州福靈特房地產經紀人委員會的一個午餐聚會上發表演講。演講之前，他與坐在他左邊的一位紳士閒談，問那位紳士生意怎樣。紳士開始滔滔不絕地抱怨生意是如何的糟糕透頂。

他告訴齊格，通用汽車公司正在罷工，在這種時候沒有人會從別人手裡購買任何東西。「事情太糟糕了，人們連鞋子、衣服、汽車甚至連食品都不買，當然也不會買房子。我好長時間連一座房子也沒賣掉，真不知道怎樣才能完成合約，」他抱怨道，「如果罷工不馬上結束，我就要破產了。」

後來，齊格轉向坐在右邊的一位夫人，問道：「哦，怎麼樣？」

「哦，你知道，齊格先生，通用汽車公司正在罷工……」她露出一個舒展而甜美的微笑說，「所以生意簡直像奇跡。幾個月以來人們第一次有了空閒時間為布置理想中的家去逛商店買東西。」

「為什麼？」

她說：「有些人可以花半天時間來看一幢房子。他們從小閣樓一直檢查到隔熱層。他們測量每一英吋面積，從廁所、壁櫥到房屋地基，無一放過。我甚至碰到過一對夫婦自己查找地界線。這些人知道罷工是會結束的，他們對美國經濟有信心，但最重要的是，他們知道現在買房子比以後買要便宜。這樣一來，生意確實很興隆。」然後她很有信心地說：「齊格先生，你在華盛頓有熟人嗎？」

齊格說：「有的，我有個侄子在那兒上學。」

她說：「不、不，我是問你在華盛頓是不是認識一些有政治影響的人？」

齊格說：「沒有，恐怕不認識。但是你為什麼要問這個？」

她答道：「我在考慮，如果你認識的人能使這場罷工再持續六個星期，只需六個星期，那麼我今年就可以甩手不幹了。」

一個人由於罷工而落魄，另一個卻由於罷工而發財了。外部條件相同，但他們的態度卻大相逕庭。一位聰明人指出：「你的生意好壞從來不是由外界決定的，而是由你的大腦決定的。如果你的思維凝滯了，你的事業也會停滯不前。如果你的思想對頭，你的事業也會興旺發達。」

培養富裕的智慧

聰明人大都能正確認識自己，善於控制、調節自己、目光遠大、自信心強，能夠專注於一地做一件事。也就是說，他們往往都具有一種富裕的智慧，具體表現在以下幾個方面：

1、大膽夢想

聰明人知道，夢想，促使人生富有價值。它是把人類從卑賤中釋放出來，把人類從平庸中提升出來的一種動力。現在的一切，只是過去各時代的夢想的總和，過去各時代的夢想實現的結果。沒有夢想者，沒有尋夢人，美國也許至今仍是一片未開墾的土地。世界上最有價值、最有用處的人，就是那些能夠遠遠看見將來，預先瞻望到未來人類必能從今日所有的種種束縛、桎梏、迷信中釋放出來，能夠預見到事物發展的結果，同時也有能力去實現它的人。

現實生活中，在各界取得巨大成功的聰明人總是那些夢想者。如工業鉅子、商業領袖等大都是想像力很豐富的人。他們對工業、商業上的發展的可能性，均有先見之明。常常將自己從一切煩惱痛苦的環境中掙脫出來，沉浸於和諧、美、真的空氣中，這種能力真是無價之寶。假使我們夢想的能力被奪去，恐怕我們中間再沒有人能有勇氣、有耐心繼續生活下去了。

約翰・華納馬克原本是美國費城一家零售店的店員。他很早就下定決心，有朝一日要自己開店。他把這個想法告訴老闆，老闆笑他說：「天啊！約翰，你的錢還不夠買一套西裝哪！」

「沒錯，」華納馬克說，「我還是要開一家和你一樣，甚至更大的店。我一定會做到。」在華納馬克事業最頂峰時，他擁有全國規模最大的零售店。

「我沒有讀過什麼書，」幾年以後，華納馬克說，「但是我不斷地充實必需的知識，就像火車頭一樣，一邊走一邊加水。」

聰明人相信，一個人只要敢於大膽夢想，並對自己的信念堅定不移，就沒有做不到的事情。

善於夢想的力量是人類神聖的遺傳。只要你相信你的事業會成功，一個美好的明天一定會到來，那麼，創業的艱辛和今天的痛苦對你來說就算不了什麼。但是應該注意，有了夢想同時還須努力實現。只有夢想而不去努力，徒有願望而不能付出努力來實現願望，那是不能成事的。只有敢於夢想，再通過腳踏實地的努力，才有用處，才能開花結果。

2、勇於自信

堅強的自信，常常使一些平常人能夠成就神奇的事業。

聰明人相信，你的成就大小，往往不會超出你自信心的大小。假如拿破崙沒有自信的話，他的軍隊不會越過阿爾卑斯山。同樣，假如你對自己的能力沒有足夠的自信，你也不能成就重大的事業。不希求成功、期待成功而能取得成功，是絕不可能的。成功的先決條件，就是自信。

自信心是比金錢、權勢、家世、親友等更有用的條件。它是人生可靠的資本，能使人努力克服困難，排除障礙，去爭取勝利。對於事業的成功，它比什麼東西都更有效。

假如我們去研究、分析一些有成就的人的奮鬥史，我們不難發現，他們在起步時，一定有充分信任自己能力的堅強自信心。他們的心理、意志，堅定到任何困難險阻都不足以使他們懷疑、恐懼，他們也就能所向無敵了。

一個聰明人說：「我們應該有『天生我材必有用』的自信，明白自己立於世，必定有不同於別人的個性和特點。如果我們不能充分發揮並表現自己的個性，這對於世界，對於自己都是一個損失。這種意識，一定可以使我們產生堅定的自信並助我們成功。」

3、敢於自立

我們中的大多數人都有一個毛病，即當我們以為自己沒有特殊的天分時，就不肯再努力發展自己了。實際上，在我們的能力沒有得到表現之前，我們是不會明白自己究竟有多大力量的。

聰明人認為，每個人照理是都可以自立的，然而真能充分發展自己獨立能力的人卻很少。依賴他人，追隨他人，按照他人的想法去工作，自然要比自己動腦筋輕鬆得多。但是若事事有人替我們想，替我們做，必定有礙於我們事業的成功，也不利於我們的成長。

要使我們的力量和才能獲得發展，不能依靠他人，而要依靠自己。一個能夠拋棄呵護，放棄外援，主要依靠自己努力的人，才能得到真正的勝利。自立是開啟成功之門的鑰匙；自立是力量的開發者。

一個人在依靠他人時，無法感覺到自己是一個「完全的人」。只有當他可以絕對自立自強時，他才能感覺到自己是一個無缺憾的人，才能感覺到一種光榮和滿足。而這種光榮和滿足，是別的東西所不能給予的。

當你一旦放棄求助於他人的念頭，變得自立自強，你就已經走上了成功的道路。你能不借外力，自立自強，你就能發揮出意想不到的力量，你離成功也就不遠了。

曾經有一個年輕的退伍軍人來找拿破崙・希爾，他想要找一份工作，但是他覺得很茫然也很沮喪：只希望能養活自己，並且找到一個棲身之處就可以了。

他黯然的眼神告訴希爾，哀莫大於心死。這一個年輕人前途大有可為，卻胸無大志。而希爾非常清楚，是否能夠賺取財富，都在他的一念之間。

於是希爾問他：「你想不想成為千萬富翁？賺大錢輕而易舉，你為什麼只求卑微地過日子？」

「不要開玩笑了，」他回答，「我肚子餓，需要一份工作。」

「我不是在開玩笑，」希爾說，「我非常認真。你只要運用現有的資產，就能夠賺到幾百萬元。」

「資產？什麼意思？」他問，「我除了穿在身上的衣服之外，什麼都沒有。」

從談話之中，希爾逐漸了解到，這個年輕人在從軍之前，曾經擔任富勒・布拉許的業務員，在軍中他也學得一手好廚藝。換句話說，除了健康的身體、積極的進取心，他所擁有的資產中還包括烹調的手藝及銷售的技能。

當然，推銷或烹飪並無法使一個人晉身百萬富翁，但是這個退役軍人找到自己的方向後，許多機會就呈現在眼前。

希爾和他談了兩個小時，看到他從深陷絕望的深淵中，變成積極的思考者。一個靈感鼓舞了他：「你為什麼不運用銷售的技巧，說服家庭主婦，邀請鄰居來家裡吃便飯，然後把烹調的器具賣給他們？」

希爾借給他足夠的錢，買一些像樣的衣服及第一套烹調器具，然後放手讓他去做。第一個星期，他賣出鋁製的烹調器具，賺了一百元錢。第二個星期他的收入加倍。然後他開始訓練業務員，幫他銷售同樣式的成套烹調器具。四年之後，他每年的收入超過一百萬元，並且自行設廠生產。

拿破崙・希爾不愧是一個聰明人。

4、堅忍不拔

聰明人相信，堅忍，是克服一切困難的保障，它可以幫助人們成就一切事情，達到理想。

有了堅忍，人們在遇到大災禍、大困苦的時候，就不會無所適從；在各種困難和打擊面前，就仍能頑強地生活下去。世界上沒有其他東西，可以代替堅忍。它是唯一的，不可缺少的。

堅忍，是所有成就大事業的人的共同特徵。他們中有的人或許沒有受過高等教育，或許有其他弱點和缺陷，但他們一定都是堅忍不拔的人。條件艱苦不會讓他們灰心，困難不能讓他們喪志。不管遇到什麼挫折，他們都會堅持、忍耐著。

以堅忍為資本去開拓事業的人，他們所取得的成功，比以金錢為資本的人更大。許多人做事有始無終，就因為他們沒有充足的堅忍力，使他們無法達到最終的目的。然而，一個偉大的人，一個有堅忍力的人卻絕非這樣。他不管情形如何，總是不肯放棄，不肯停止。而在再次失敗之後，會含笑而起，以更大的決心和勇氣繼續前進，他不知失敗為何物。

做任何事，是否不達目的不罷休，這是測驗一個人品格的一種標準，也是判斷一個人是否聰明的標準。堅忍是一種極為可貴的德性。許多人在情況順利時肯隨大眾向前，也肯努力奮鬥。但當大家都退出，都已後退時，還能夠獨自孤軍奮戰的人，才是難能可貴的。這需要很強的堅忍力。

對於一個希望依靠智慧和努力獲得成功的人，也許要始終不停地問自己：「你有耐性嗎？你有堅忍力嗎？你能在失敗之後，仍然堅持嗎？你能不管任何阻礙，仍然前進嗎？」

5、英明決斷

聰明人認為，世間最可憐的，是那些做事舉棋不定、猶豫不決、不知所措的人；是那些自己沒有主意、不能抉擇的人。這種主意不定、意志不堅的人，難於得到別人的信任，也就無法使自己的事業獲得成功。

優柔寡斷的人，不敢決定每件事，他們拿不準決定的結果是好還是壞，是凶還是吉。有些人的本領不差，人格也好，但就是因為優柔寡斷，往往錯過了許多好機會，一生也未能成功。而決斷的人，即使會犯些小錯誤，也不會給自己的事業帶來致命的打擊，因為他們對事業的推動，總比那些膽小狐疑的人敏捷得多。站在河邊久立不動的人，永遠也不可能渡過河去。

如果你有優柔寡斷的傾向或習慣，你應該立刻下決心改正它，因為它足以破壞你各種進取的機會。在你決定某件事以前，你應該對這件事有個全面的了解。你應該運用全部的常識和理智，鄭重考慮，但一經決定以後，就不要輕易反悔。

在作重大決定時搖擺不定、不知所措，是一個人品格的致命缺點。具有這種弱點的人，從來不會是有毅力的人。這種缺點，可以破壞一個人對於自己的信賴，可以破壞他的判斷力，更會有害於他的事業。

要成就事業，必須學會胸有成竹，使你的正確決斷穩固得像山嶽一樣。不為情感意氣所動，也不為反對意見所阻。

決斷、堅毅是一切力量中的力量。假如你想做一名成功的老闆，成就一番事業，你必然養成堅毅與決斷的能力，否則你的一生都將漂泊不定，事業也將無所成。

6、樂觀向上

一個聰明人說：「一個能夠遭遇挫折而面帶笑容的人，比一個遇到艱難就垂頭喪氣的人，更具有勝利的條件。」

不管是否順利，有些人總習慣以頹喪的心情、憂鬱的情緒，來破壞、阻礙他們生命的歷程。其實一切事情，全靠我們的勇氣和信心，全靠我們樂觀的生活態度。如果一遇到挫折就陷入頹喪、懷疑、恐懼、失望之中，那麼終將一事無成。

學會肅清自己心中的悲觀心理是一門很重要的學問。我們應學會時時把自己的注意力放在美好的事情上而非醜陋的事情上，放在真實的事物上而非虛偽的事物上，這樣我們在困境中也能看到生活中的美、生活中的好，我們也就因此而樂觀起來。

對一個始終保持良好精神狀態的人來說，把心中的憂鬱在幾分鐘內排解出去是完全可能的。但許多人在憂傷時卻往往不肯開啟心扉，讓愉快、樂觀的陽光射進來，總是緊閉心扉靠自己內在的力量驅逐黑暗。其實只要有一絲樂觀，我們心中的憂鬱就會減輕很多。

當自己感到憂鬱、失望時，聰明人會試著去改變環境。無論遭遇怎樣，他們都不會反覆想自己的不幸和目前使自己痛苦的事情。他們會努力去想那些愉快的事、有趣的話，以最大的努力去感受快樂，讓自己樂觀起來。

Part 5

成敗第五步

達觀對待得失

正確的金錢觀

有錢不一定受人尊敬

勤儉精神值得提倡

精明人的理財之道

聰明人的理財秘訣

聰明人的積極理財方式

把錢花在刀口上

花錢提高生活的情趣和意義

達觀地對待得失

丟掉多餘的東西

學會放棄

肯付出金錢才能成爲明白人

名利都是身外之物

給生命留些空白

正確的金錢觀

石崇是西晉時的一個大富豪。他的財產有多少呢？連他自己也說不清楚。王愷是當時朝廷的貴戚，也是非常富有的人，但他和石崇鬥富，總是鬥不過他。有一次，皇帝特意送給他一株兩尺多高的珊瑚樹，王愷認為這是舉世無雙的珍寶，以為石崇一定沒有，高高興興地拿去給石崇看。誰知石崇見了，順手揮動鐵如意，一下子就把它砸了個粉碎。王愷很生氣，石崇卻像沒事似地說：「別難過，我賠你一株就是了。」便立即命人把自己的珊瑚樹搬出來。王愷一看，單是高三四尺的就有六七株之多。顯然王愷又比輸了。

又有一次，一位姓劉的官員在石崇家做客，後來去廁所。到了那裡一看，裡面掛著幔帳，鋪著華麗的被褥，旁邊站著兩位天仙一般的少女，手裡還捧著香囊，嚇得劉某趕緊退回來，抱歉地對石崇說：「真對不起，剛才走錯了地方，誤入了你的內室。」石崇說：「沒錯，那就是廁所。」劉某連連搖頭說：「沒見過這樣的廁所。」他是一位高官，他都分不清石崇家的廁所和內室，可見石崇的驕奢淫佚到了何種程度。

石崇那樣富，是怎麼得來的呢？他靠的是精明。他精於打算，事事占先，好占便宜，因此，積攢了大量不義之財。

但是，他的精明並沒有使他安享一輩子清福。後來，石崇因靠山佞臣賈謐被誅被免官，孫秀一夥人繼之專權，自然便要找他的麻煩。石崇有一歌妓，名喚綠珠，長得漂亮，笛也吹得特別動聽。孫秀派人來向石崇要綠珠。

石崇把他的數十名婢妾全都叫出來，讓孫秀挑選。孫秀派來的人對著這些花枝招展的美女們說：「這些女人都不錯，可我們是奉命來要綠珠的，不知這裡的哪一個是綠珠？」

石崇很不高興地說：「綠珠是我最喜歡的，不能給。」（正是「憑什麼讓我吃虧？」的想法害了他。）

來的人說：「你也是見過大世面的人了，不要為了一個綠珠而得罪了孫大人。你還是考慮考慮吧！」

孫秀沒有得到綠珠，便慫恿趙王倫設謀誅殺石崇。抓石崇的那天，石崇正在酒樓喝酒。聽說孫秀派人來抓他，便對身邊的綠珠說：「我是因為你而得罪了人啊！」

綠珠哭著說：「這樣一說，我應當死在你前面。」於是便跳樓自殺了。

石崇被孫秀逮捕後就被押赴刑場，這時他才如夢初醒，嘆著氣說：「這幫傢伙原來是為了謀取我的家財啊！」

押送他的人說：「你既然知道財多害命，為什麼不早些分一點給別人呢？」石崇啞口無言。結果，一家十五人，無論男女老幼，全都被殺。珠寶、貨物、田宅以及八百名家僕，也都全部被抄沒。

一位明白人曾說過：「麝因香重身先死，蠶為絲多命早亡。」古今中外有大量精明人因貪婪招致災禍的實例。而明白人和聰明人則知道，正確對待和支配金錢是非常重要的。

有錢不一定受人尊敬

有一位富翁，雖然他很有錢，可是卻得不到別人的尊重，為此他十分煩惱。一天，富翁在街上散步，看到一個衣衫襤褸的乞丐，他覺得找到了一個改變現狀的機會，於是向乞丐面前的鐵筒中丟下一枚沉甸甸的金幣。誰知那個乞丐聽到「噹」的一聲後，依然認真地捉自己身上的蝨子，頭也不抬一下。

富翁覺得很奇怪，就又丟下一枚金幣，可是那個乞丐依然故我，還是不抬頭。富翁不由地生氣了，大聲呵斥乞丐說：「你是不是眼睛瞎了，耳朵聾了？不知道我給你的是金幣嗎？」

那個乞丐仍舊不看他一眼，說道：「給不給是你的事，不高興就拿回去。」

富翁聽了更生氣了，賭氣一般地又丟下了十枚金幣，心想這下乞丐一定會向自己道謝了，不料乞丐仍然不予理睬。富翁氣得跳了起來，大聲叫道：「我給了你十枚金幣，你連謝都不謝我一聲嗎？」

乞丐只是平靜地回答他說：「有錢是你的事，尊不尊重你是我的事，這種事怎麼能強求呢？」

金錢的奴隸們有一個通病，就是以為金錢是萬能的。這樣的人儘管精明，卻是糊塗人。

明白人知道：金錢與人的地位和值不值得尊敬沒有關係。

勤儉精神值得提倡

雪梨奧運會上曾經舉辦過一個「世界傳媒和奧運報導」為主題的新聞發布會，在座的有世界各地的傳媒大亨和記者數百人。

就在新聞發布會進行之中，人們發現坐在前排的炙手可熱的美國傳媒巨頭NBC副總裁麥卡錫突然蹲下身子，鑽到了桌子底下，他好像在尋找什麼。大家目瞪口呆，不知道這位大亨為什麼會在大庭廣眾之下做出如此有損自己形象的事情。

不一會兒，他從桌下鑽出來，手中拿著一支雪茄。他揚揚手中的雪茄說：「對不起，我到桌下尋找雪茄，因為我的母親告訴我，應該愛護自己的每一份東西。」

麥卡錫是一個億萬富翁，有難以計數的金錢，他可以揮金如土，可以買到一切可以用錢買到的東西，一支雪茄對於他來說簡直微不足道。如果以他的身分，應該不理睬這根掉到地上的雪茄，或是從菸盒裡再取一支，但麥卡錫卻給了我們第三種令人意料不到的答案。

麥卡錫是一個精明人，這種勤儉的精神是值得效仿的。

精明人的理財之道

精明的人，在理財方法上也有自己的獨到之處。在一個家庭裡，家庭成員也都有各自不同的需求，而且不可能被同樣程度的花費、節約和儲蓄的限制所束縛。下面是一些精明人的理財經驗。

1、確定你的合理支出

要確定現有的收入應該花在哪些地方，至少要收集過去半年的花費記錄，然後，按下列的科目分類，分別劃入各項開支：

● 固定的開支：包括：每月的房屋租金或管理費、水電費、瓦斯費、電話費、貸款償還等。

● 非固定開支：包括：食物、家庭生活用品、家庭傭工、個人開銷、衣物被褥、交通費用支出、傢具設備、醫療和牙科疾病費用、娛樂消遣、交際費用、書報費、儲蓄和其他支出等等。

在這裡，我們使用了固定支出這一專用名詞，但即使是「固定」的，也仍然有可能是變化的。固定支出包括一些基本的支出，這些基本支出為其他的財務計畫打下了基礎，而且，這也是實行財務控制所必需的步驟。

一個人的大部分固定支出，在回答下面三個問題之後，都可以被確定下來：

- 他應該購買還是應該租住一套住宅？
- 他應該擁有多少人壽保險？
- 在什麼情況下，他應該借或是買某件東西？對許多家庭來說，有時租借住宅，有時則自行購買。無論租借還是購買，兩者各有利弊。這要根據你的具體情況靈活決定。

2、把錢花在事業上

一個滿懷雄心壯志的人，應該為增加自己的成功機會而慷慨地花錢。在獲得一定程度的成功之前，他在滿足個人享樂方面的開銷，應該像個守財奴似的小氣。這就意味著，他應該盡可能優先考慮擺在他面前的這類開支，例如：參加一個自我提高課程的學習、加入一個有利於自己事業發展的俱樂部等等；而對另一類支出，如夜生活、賽車、快艇等等，則應該十分吝嗇。如果他首先考慮滿足事業上的需要，那麼，其他方面的生活內容也將逐漸豐富起來。

這個有關花錢的忠告，不僅對那些在企業中剛剛準備起步的人，而且對那些已經順利進行他的事業的人都有指導意義。一個真正希望成功的人，如果他把自己的時間和精力耗費在對他的事業毫無助益的消遣上，那是愚蠢的。那些已經成功的人之所以成功，就是因為他們把事業擺在了首位。

3、有一筆應急儲蓄

隨著一個人年齡的增長，他對家庭所負的責任也逐漸加重。他的家庭日益增加的吃用、醫療、娛樂、交通和接受教育等各方面的開支，都要靠他的收入來滿足。他所擬定的最合適的家庭收支計畫，可能被一次未曾預料到的突發事件所損害，甚至被永久地毀滅掉。即使他為了防止意外事件給自己作了部分保險，也會因為對飛來的橫禍毫無準備而擊倒。因此，對任何一個人來說，都需要應急儲蓄，就像一個企業公司，為意外開銷或負債而保持一定的儲蓄一樣。

4、為未來投資

一個企業的所有者，或它的經理，總是將所得的盈利進行再投資，擴大再生產，以發展他的事業。對個人也一樣，他的財產增長，取決於他的能力和他是否樂意將他的部分收入進行再投資。這種投資可以採取多種形式：銀行存摺、一定形式的人壽保險、租金收入、股票、公共債券、商業或企業投資等等。

任何一個希望精明地管理資金的人，首先必須對自己所處的財政狀況瞭如指掌。他應該清楚，哪些是自己的，哪些是別人的；他有哪些收入，這些收入用於何處。他了解這個底細，就可以著手準確地找出他財務中存在的問題，然後採取措施改善他的財政狀況。他的最終目的，應該是收入的增長。

一般說來，除非你很容易一下子拿到一筆相當數目的現金，否則，當某種突然事件發生的時候，你將是不堪一擊的。基於這個原因，你必須積累一定數量的流動資金儲備，因為有些意外事件是你必須認真應對的，比如：嚴重的疾病、預料之外的旅行、財產的意外損失等等。

聰明人的理財祕訣

聰明人知道，理財是需要一定的技巧的。個人賺錢的本領愈大，賺得的金錢也就愈多。以下是聰明人總結的理財祕訣。

1、控制自己的費用

聰明人在花每一分錢之前，都會仔細考慮一下這一分錢是否該花，不要讓支出超過收入。如果支出超過收入的話，他們就會提高警惕了。

人們常為自己不能得到滿足的慾望所困擾，總以為金錢可以解決一切、獲得一切，這種想法是不正確的。而聰明人知道，一個人的時間有限，精力有限，能實現的目標也是有限的。而慾望是無窮盡的，許多慾望是無法滿足的。

我們中很多人已經形成了一種浪費的生活習慣，事實上其中的許多支出是不必要的，我們可以盡力地把支出減少。要把這句話當作格言：花一元錢，就要發揮一元錢的功效。

聰明人提示我們，不妨把一切必須的開支作個預算，切記不要用盡儲蓄的十分之七，因為那是致富的本源。

2、以錢賺錢

聰明人知道，投資一定要注意安全可靠，必須能收回成本，同時還可獲得規定的利潤，這樣才叫以錢賺錢。要向有經驗的聰明人請教，聽從有發財經驗的人的勸告。記住：本金有保障的投資才是第一流的投資，為求高利而損失本金的投資，絕不是聰明的投資，冒險的結果極可能就是損失。所以投資前一定要先仔細研究分析，當確信絕無冒險成分的時候，才可以拿出部分資金。不要被急於發財的心所蒙蔽，做毫無所獲的投資。

3、增強發財能力

聰明人相信，人需先有願望然後才成功。願望必須堅定不移，而且必須具體可行。不是堅決的願望，就會變成沒有結果的慾望，因為意志不堅的人向來不會有多大的願望獲得成功。一個人如果有賺五元錢的慾望並努力實現這一願望，當他實現以後又會有賺十元錢的慾望……最終他賺錢的能力就能不斷增強。因為賺小錢使他得到賺大錢的發財經驗，而且財富是日積月累逐漸形成的。首先儲蓄少量的資金，再過一段時間就會變成較大數目的資金。等到你賺錢的本領增大的時候，你的財富也就隨之增大了。

你的願望必須簡單而確定，願望太多了就會互相抵消，變得混淆不清，甚至於因為自己能力的不足而使之無法實現。

聰明人的積極理財方式

真正的聰明人不僅花費不多，而且能利用錢「生」錢，賺取更多的財富。相對而言，多數人卻讓各種支出減少了不少收入，能用於投資的，已經所剩無幾。而且，這些投資也常常是聽人提及或看了報刊上相關報導後，一時興起做的投資，往往也賺不到什麼錢。

聰明人知道，只要你願意，用些時間好好規劃自己的財務，不僅可以避免捉襟見肘的窘境，而且能使自己活得非常舒服。

理財可以說是生活的一部分，因為我們一生都無法與金錢脫離關係。而理財要理得好，就需像請理財顧問一樣，要作好計畫，並持續不斷地去執行並改進，才能從理財中受益。

1、可以不斷增加收入

每個人的收入來源可能都不相同，有人繼承家產，靠家族企業獲取收入；有人做生意或自己開創事業；有人則受雇於人領取薪金。理財貴在能「開源節流」，在開源方面，就是能通過理財，在現有的財富基礎上增加或創造財富。投資獲利算是這方面最典型的方式。

2、減少不必要的支出

任何人都不可能在處理錢財時「只進不出」，但支出的方式與習慣，也是因人而異。有些人揮霍無度，有些人過於吝嗇。善於理財的人則在支出時讓花費發揮最大的效用。

3、提高個人或家庭的生活水平

通過開源節流，個人或家庭就可以有較寬裕的經濟能力來改善、提高生活水平，豐富生活內容，甚至增加生活的享受。由租屋而居到擁有自己的房子，由搭車上班到開自己的汽車，或由蝸牛族到出國旅遊等等，都是這方面的具體實例。

4、儲備未來的養老所需

任何人都不能工作一輩子。一些人在喪失工作能力後，也會喪失固定收入。所以，在自己還有工作能力時預做準備，儲備退休後的養老所需，是有必要的。好的理財計畫，應該包括這個重要項目。

把錢花在刀口上

在美國，只有百分之四十九的家庭有一百萬美元以上的淨資產。許多人的收入應該使他們步入百萬富翁的行列，但是他們住在豪宅中，缺乏基本的理財技巧。他們有巨大的收入、巨大的房子、巨大的負債，但幾乎沒有淨資產。

迄今為止，包括美國在內的各國的學校裡，仍沒有真正開設有關理財方面的基礎課程。學校教育只專注於學術知識和專業技能的教育和培養，卻忽視了理財技能的培訓。這也解釋了為何眾多精明的銀行家、醫生和會計師們在學校時成績優異，可一輩子還是要為財務問題勞神；國家岌岌可危的債務問題在很大程度上也應歸因於那些作出財務決策的政治家和政府官員們，他們中有些人雖然受過高等教育，卻很少接受過財務方面的必要培訓。

聰明的人士懂得，理財的宗旨不只是純粹的賺錢，手段當然也不僅限於各種開闢財源的方式。會賺錢也要懂得如何花錢。怎樣才能做到「會花錢」呢？聰明人的建議是：

1、編寫預算

編製預算應視為個人日常生活計畫的一部分，比如年內大型休閒旅遊計畫或一週內購物金額，花費多少都與你的生活計畫和質量有關。

預算的編制也應注重實際可行性。比如說，如果每天三餐中固定一餐必須在外頭吃時，買一盒五十元的便當，或上一趟小館子，或吃一頓西式快餐，就有很大差別。但是也不宜把預算定得死死的，遇有同事、朋友聚會或好朋友過生日，應付這些臨時支出也是不可避免的。因此預算應有一定程度的彈性。

除了個人的預算之外，如果你是一家之主，整個家庭的預算也應有所計畫。通常整個家庭的預算以年、月為單位編制比較合適，不必太細碎繁瑣。

預算雖然不一定百分之百地被執行，但是預算制定了，並不表示已經達到節流。計畫性消費的目的是，如果你每個月花費超過或低於預算的百分之二十至百分之三十，就應該仔細評估一下你的預算是否編制得太寬鬆或太緊湊，逐步修正。

當然，修正預算不能成為你恣意消費的借口，否則就達不到預算的節流功能了。

2、準確記帳

聰明人認為，每日記帳才能落實預算的編制，都不能忽略記帳的重要性。有帳目可查，預算才可能有效控制。

編制預算只是「節流」的構想，執行是否徹底應從每日、每月的記帳本上自我檢查。編了預算，勢必要按實情記帳，否則預算只是一種形式。記帳的方式毋庸贅言，市面上出現的記帳薄的樣式有很多種類，大小都有。主要內容不外乎收入、支出、項目、金額、總計等五大要項。

另外一種簡便的記帳方式是保存購物的票據以及一些其他的購物憑證。除了搭車、上小飯館等，大部分商店都會把收據、發票給顧客。其實發票計帳最為省事方便。只是發票上通常只有金額，而沒有項目，如果你要詳細記帳，分類標明支出，就必須另外整理。

3、把錢花到「刀刃」上

誰都願意少花錢多辦事。聰明人相信，花費同樣多的錢，如果設計得當，就可以獲得額外收益。額外收益越多，錢當然花得就越值。把錢花到刀刃上，就要注意以下幾個效益：

●邊緣效益：人們消費不同商品時，所帶來的效用或滿足感是不同的。比如，一個人吃蛋糕，吃第一塊時感覺到香甜可口，心裡特別滿足；吃第二塊時也感到不錯；但吃第三塊時可能就飽了，不想再吃了。因此，在進行消費決策時，應把幾塊蛋糕的開支分散到其他需求上去。比如，吃兩塊蛋糕，再看一場電影，買一本雜誌等。花錢差不多，但效用大大提高。

●要講求感情效益：同樣是添置衣物，倘若做父母的能在孩子上學前或生日時，帶著孩子一同去選購，那麼買回來的就不單是一兩樣實用的東西，同時也增加了親子之間的感情。同樣的，夫妻在添置家用設備時，若能考慮對方的要求，將對雙方感情有極大促進作用。比如，買煙灰缸，女主人就不能以自己的喜好去買，要考慮丈夫用起來是不是方便，丈夫是不是喜歡。夫妻一方外出時，若能惦記著對方的愛好，給對方買回來一些需要或喜歡的紀念品，就會把一次普通的花錢過程變成一次愛的體驗，使對方每接觸這件物品時，就會睹物思情，引起美好回憶。同理，如果夫妻雙方都主動承擔贍養老人的義務，那麼，不僅使雙方老人老有所養，同時也能在夫妻愛的天平上放上一顆重重的砝碼。否則，互不關心對方老人，甚至抱怨、提防對方為父母多寄了錢，結果花了錢還慪氣。

●要注意時間效益。在生活中，有時你會碰到這樣的情況，為了學外語，你想買一台某某牌的CD或MP3，可是一時買不到，等過了很久好不容易買到時，已經耽誤了相當長一段學習的時間。或者，一位親友病重想吃某種新上市的水果，你為了省錢，想過幾天再買，不料病人竟在你等待水果降價期間，與世長辭了。這樣的事，可能會給你帶來終生的遺憾，雖然想省點錢，結果卻帶來了無可挽回的損失。所以，該花的錢別猶豫，這也是把錢花在刀刃上的意義之一。

花錢提高生活的情趣和意義

精明人往往會賺錢，而會花錢的才稱得上是聰明人和明白人。溫斯頓・丘吉爾說：「聰明的人能夠很好地安排有限的收入，他們會享受到用錢的滿足感，但絕不會為錢所用。」

安妮和弗蘭克夫婦有五個孩子，經濟拮据。而每逢假日卻必定去滑雪。為此要購置七雙滑雪板，七雙長靴，七副撐桿及每人的滑雪衫，還要付來回的車費等其他開銷。鄰居們都認為安妮和弗蘭克一家簡直是瘋了。十幾年後，一位鄰居又碰到安妮，她的孩子們都已各自成了家，「當然，我們那時過著清寒的日子，」安妮說，「但最近，一個兒子在來信中說，他怎麼也忘不了小時候滑雪時的快樂。」

一筆有限的收入有兩種安排法：精明人往往精打細算地將衣食住行小心翼翼地考慮進去，雖然事事顧全了，但最終覺得毫無收穫；而聰明人則會把錢花在自己喜好的事情上，如果難以做到兼顧的話，他們常常先滿足重要的方面，而在其他的方面節約一下。

有些不夠聰明的人對於把錢花在那些有益的並能為家庭和自己的生活增加樂趣的事情上，總是猶猶豫豫，只想著攢錢備荒，放走了大好時光。其實他們這是只知緊攥手中的麻雀，而忘了逮野地裡的孔雀。

有這麼一對戀人，從二十多歲起就開始為下輩子的生活操心。當他們的同齡人在建立小家庭、安享天倫之樂時，他倆卻一個念頭地買房置地，積累錢財。等他們感到可以安心成家時，女的已三十九歲。這些年來一直在訪醫求藥，也沒能懷上一個孩子。當然，這是一個極端的例子，但說明一個道理，當你確信某事某物能使你的生活更為充實時，不論它是一次旅行，是一個孩子，或是別的什麼，你就應盡力去得到它。要知道有的東西失去了便再也難得到。

瑪麗小時候的一件事令她終身難忘。那時她父親失業了，全家靠吃魚市上賣剩的魚生活。一天，她在一個商店的櫥窗內看到了一隻帶紅色塑料花的小別針，頓時她便發瘋般地迷上了它。瑪麗趕緊跑回家去央求媽媽給一毛錢。母親嘆了口氣（一毛錢能買一磅魚雜碎呢），但父親說：「給她錢吧，要知道一毛錢就能為孩子買到快樂，今後是不會再碰上的。」那時，瑪麗就明白，這一毛錢所能買到的是永遠閃光的金子。

聰明人認為，錢在生活中並不是決定一切的。一個真正有價值的夢想本身就具有了使其得以實現的力量。

美娜的獨生子在很小時就顯示出音樂天賦，曲調一聽便能記住，自己還能在鋼琴上編歌。美娜夫妻倆為使他能得到最好的教育，竟然驅車六十英里送孩子到臨近的一個城市去上學。為此，他們付出的代價是：美娜每天晚上去一家圖書館加夜班；丈夫是個教師，課外在家中設館開課以增加收入。現在，他們的兒子已獲得了兩個音樂學院的獎學金，在幾個美國最好的管弦樂隊中演奏過。如果當初他父母給他請個價格低的二三流教師，他就不會有這樣的成果了。

明白人認為金錢是第二位的。只要有眼光，看準了那些能使你幸福的東西，就應不惜金錢去得到它。用你辛勤勞動掙來的一點錢，送孩子去夏令營或給自己買一件心愛物，也許與你們的低收入不相稱，但卻提高了你生活的情趣和意義。

達觀地對待得失

有一個棄兒，被一個好心人收養。

有一天，這孩子在路上撿到一根金條，這意外的收穫使他興奮得手舞足蹈。他想先在外面跟小夥伴們玩一會兒再回家去。他實在是一個貪玩的孩子，一玩起來就什麼都忘了，回家的時候他才發現，那根金條找不見了。他找了半天也沒有找到，晚上，他大哭著回到家裡。

養父問他：「你怎麼啦，我的孩子？」

「我今天撿了一根金條，但是我把它弄丟了。」孩子滿懷委屈。

養父微笑著說：「撿來的東西本來就不屬於你的，丟了也就丟了，你不還跟以前一樣嗎？你什麼也沒有失去！要知道，就連你的生命都是撿來的，何況區區一根金條！」

我們每個人都像那個棄兒，我們的生命是撿來的，我們所擁有的一切也都是撿來的。

這位養父算得上是一位明白人，因為他懂得，對於偶然撿來的一切，我們應該達觀對待：擁有時自當加倍珍愛，失去時亦不必過於痛苦。

丟掉多餘的東西

鐵匠打了兩把寶劍。剛剛出爐時它們一模一樣，又厚又鈍。鐵匠想把它們磨利一些。其中一把寶劍想，這些鋼鐵都來之不易，還是不磨為妙。它把這一想法告訴了鐵匠。鐵匠答應了它。

鐵匠去磨另一把劍，另一把沒有拒絕。經過長時間的磨礪，一把寒光閃閃的寶劍磨成了。

鐵匠把那兩把劍掛在店鋪裡。不一會兒就有顧客上門，他一眼就看上了磨好的那一把，因為它鋒利、輕巧。而鈍的那一把，雖然鋼鐵多一些、重量大一些，但是無法把它當寶劍用，它充其量只是一塊劍形的鐵塊而已。

同樣出自一個鐵匠之手，同樣的功夫打造，兩把寶劍的命運卻是天壤之別！鋒利的那把又薄又輕，而另一把則又厚又重；前者是削鐵如泥的利器，後者則只是一個不中用的擺設。

明白人認為，人生的道理，也與此類似。人生的目的不是面面俱到、不是多多益善，而是把已經掌握的東西得心應手地去運用，它跟寶劍一樣，劍刃越薄越好，重量越輕越好。

學會放棄

有一個聰明的年輕人，很想在一切方面都比他身邊的人強。他想成為一名大學問家。可是，許多年過去了，他的其他方面都不錯，但學業卻沒有長進。他很苦惱，就去向一個大師求教。

大師說：「我們登山吧，到山頂你就知道該如何做了。」

那山上有許多晶瑩的小石頭，煞是迷人。每見到他喜歡的石頭，大師就讓他裝進袋子裡背著，很快，他就吃不消了。

「大師，再背，別說到山頂了，恐怕連動也不能動了。」他疑惑地望著大師。

「是呀，那該怎麼辦呢？」大師微微一笑。

「該放下。」

「那為何不放下呢？背著石頭怎能登山呢？」大師笑了。

年輕人一愣，忽覺心中一亮，向大師道了謝走了。從此，他再也不沉迷於遊戲了，一心做學問。

明白人懂得，人要有所得必要有所失，只有學會放棄，才有可能登上人生的極至高峰。

肯付出金錢才能成為明白人

有一位守墓人每個星期總會準時收到一封來信和五十元買花的錢，信裡署名為「可憐的老太太」的人，託他每星期給她相依為命卻睡到墓地裡來的兒子哈里獻上一束花。老實的守墓人每次收到信與錢，總會買束鮮花送到哈里墓前。

一天，「可憐的老太太」終於露面了，她坐著小車來到墓地，卻沒下車，派開車司機來請守墓人說：「那位託你每星期給她兒子送花的婦人，請你到她那兒說幾句話，因為她腿癱瘓了，行走不便。」

守墓人跟著司機來到那位「可憐的老太太」面前，這是一位上了年紀身體極差的老婦人，高貴的臉部表情掩飾不了她對生活的絕望和病痛留下的印記。

「我是那位寄信的老太太，」她斷斷續續地說，「這幾年麻煩你了。」

「我每星期都按時送花。」守墓人說。

「謝謝你，」她接著說，「醫生說我將不久於人世，死了倒也好，我活在世上對這個世界來說已無一點意義。只是，我惦記著將沒人再給我兒子送花了。」

守墓人忽然問道：「夫人，您去過孤兒院嗎？那裡的孩子都沒父母。」

「孤兒院？」

「夫人，恕我冒昧，」守墓人說，「在我這兒睡著的人，有哪個是活著的？與其把鮮花大把大把送給那些死去並不能體味生者痛苦與快樂的人，不如把買花的錢留著給那些活著的人。」

「可憐的老太太」聽了守墓人的話，半天不言語，叫司機開車走了。

守墓人心想：自己的話對一個臨死的孤寡老人可能說過頭了。

沒想到過了幾個月，那輛小車又載著「可憐的老太太」來到墓地，這次開車的不是那個司機，而是「可憐的老太太」自己。

她興高采烈地跳下車，神采奕奕地對守墓人說：「嘿，你的建議創造了奇跡。我把錢全部捐給了孤兒院，那裡孤兒的快樂深深感動了我，讓我覺得我還有些用處。更想不到這種幫助他人得到的好處，竟奇跡般治好了我的腿。」

故事中的老太歷經滄桑之後，悟透了人生，對金錢保持淡泊的態度，成了一個明白人，她自己的人生也因此而發生了奇跡般的變化。

名利都是身外之物

居里夫婦發現鐳後，世界各地紛紛來信索求製造鐳的方法。怎樣處理這件事呢？某個星期日的早晨，他們夫妻進行了五分鐘的談話。

皮埃爾・居里平靜地說：「我們必須在兩種決定之中選擇一個。一種是毫無保留地敘述我們的研究結果，包括提煉辦法在內……」

居里夫人做了一個贊成的手勢說：「是，當然如此。」

皮埃爾繼續說：「或者我們可以以鐳的所有者和發明者自居。若是這樣，那麼，在你發表你用什麼方法提煉鈾瀝青礦之前，我們須先取得這種技術的專利，並且確定我們在世界各地造鐳業上應有的權利。」

「專利」代表著巨額的金錢、舒適的生活，代表著傳給子女一大筆遺產　但是，居里夫人堅定地說：「我們不能這樣辦，這違背科學精神。」

居里夫人天下聞名，但她既不求名也不求利。不相識的人問她：「你是居里夫人嗎？」

她總是平靜地回答：「不是，你認錯了。」她出名以後，幾乎每天都要收到世界各地慕名者要求簽名的來信。她一生獲得各種獎金十次，各種獎章十六枚，各種名譽頭銜一百一十七個，卻給人一種全不在意的印象。有一天，她的一位女性朋友來她家做客，忽然看見她的小女兒正在玩英國皇家學會剛剛獎給她的一枚金質獎章，大吃一驚，忙問：「居里夫人，現在能夠得到一枚英國皇家學會的獎章，是極高的榮譽，你怎麼能給孩子玩呢？」

居里夫人笑了笑說：「我是想讓孩子從小就知道，榮譽就像玩具，只能玩玩而已，絕不能永遠守著它，否則就將一事無成。」只有真正的明白人，才會有這麼豁達的心胸。

給生命留些空白

一位明白人非常喜歡獅子。他發現，跟凡事都追求圓滿的人類相比，獅子太懂得空白的妙處了，牠簡直就是一個天才的藝術家、一位睿智的哲學家。給這位明白人印象最深的，不是獅子如何勇猛格鬥、如何瘋狂捕食，而是牠們吃飽肚子後與世無爭、懶洋洋打瞌睡的樣子。在這種情況下，即使獵物從牠鼻子底下走過牠也絕不為之所動。因為牠已經酒足飯飽、不再需要食物了。

獅子隨身帶著一個屬於牠自己的倉庫，那個倉庫就是牠的肚子，「縱有弱水三千，只取一瓢而飲」，假如獅子會說話，牠肯定會這樣發表感慨，也就是說，牠懂得給生命留一些空白。

人類則不同，人類沉迷於自己的貪慾，人建了相當於自己肚子無數倍的倉庫，這個倉庫大得他自己都帶不動，於是又把它轉換成鈔票，儲藏了鈔票就儲藏了一切。「多多益善，多多益善。」他們這樣叫嚷。

與此相反，還有一些人反對物質上的貪慾。他們認為物質世界跟精神世界是格格不入的，他們以對精神的追求來取代對物質的追求。而精神，無不打著知識與道德的幌子。「多多益善，多多益善！」他們同樣這樣叫嚷。

同是貪慾，把物質換上精神、換上知識與道德的行頭，似乎就能堂而皇之高人一等了。而最後的結果往往是殊途同歸，繞了一個大彎又轉了回來，對知識和道德的貪慾反而成為某些人追求物質財富的一種手段。

明白人認識到：物質世界是無限的，精神世界也是無限的，而我們的肉身和精神卻是有限的。以自己有限的生命去追逐無限的世界，豈不是踏上一條不歸路，把自己埋葬在蒼茫的無限之中，反而失去自身的本性嗎？有多少可有可無的追求，就有多少可有可無的缺憾、可有可無的失敗、可有可無的磨難和可有可無的恥辱，這樣反而把本來可以成功的人生變成了失敗的人生，把本來可以快樂的人生變成了痛苦的人生，把本來可以輕鬆的人生變成了沉重的人生，把本來可以健康的人生變成了病態的人生。

明白人主張，物慾橫流誠然不可取，但是清心寡慾卻也非常要不得，因為清心寡慾往往會演變成另一個層面上的貪慾。

作為一個健康人，他只追求他必不可少的東西，而且也以夠用為限。物質上，他有所求有所不求；知識上，他有所知有所不知；道德上，他有所為有所不為。

對於可有可無的一切，如果能做到這一步，就真的快達到獅子的智慧境界了。只要肚子吃飽，不論財富、名聲、知識還是道德的獵物從鼻子底下跑過，都視而不見。

優秀的藝術家不會把畫塗得太滿，他懂得，空白也是藝術的一部分；優秀的建築師不會把樓蓋得太擠，他懂得，綠地也是建築的一部分。既然如此，我們為什麼不學習獅子，給自己的生命也留一些空白呢？

精明人 聰明人 明白人
態度決定你的成敗

作　　者　趙希俊

發 行 人　林敬彬
主　　編　楊安瑜
責任編輯　蔡穎如
美術編排　翔美設計
封面設計　翔美設計

出　　版　大都會文化事業有限公司　行政院新聞局北市業字第89號
發　　行　大都會文化事業有限公司
110臺北市信義區基隆路一段432號4樓之9
讀者服務專線：（02）27235216
讀者服務傳真：（02）27235220
電子郵件信箱：metro@ms21.hinet.net
公司網址：www.metrobook.com.tw

郵政劃撥　14050529　大都會文化事業有限公司
出版日期　2005年05月初版一刷
定　　價　200元
ISBN　986-7651-38-3
書　　號　Success-006

Metropolitan Culture Enterprise Co., Ltd.
4F-9, Double Hero Bldg., 432, Keelung Rd., Sec. 1,
Taipei 110, Taiwan
Tel:+886-2-2723-5216　Fax:+886-2-2723-5220
E-mail:metro@ms21.hinet.net
Website:www.metrobook.com.tw

國家圖書館出版品預行編目資料

精明人 聰明人 明白人 —態度決定你的成敗
/ 趙希俊著 ;
-- 初版. -- 臺北市 :
大都會文化, 2005[民94]
面 ;　公分，--(Success;6)
ISBN 986-7651-38-3(平裝)
1. 成功法
177.2　94006179

大都會文化 總書目

■度小月系列

路邊攤賺大錢【搶錢篇】	280元	路邊攤賺大錢2【奇蹟篇】	280元
路邊攤賺大錢3【致富篇】	280元	路邊攤賺大錢4【飾品配件篇】	280元
路邊攤賺大錢5【清涼美食篇】	280元	路邊攤賺大錢6【異國美食篇】	280元
路邊攤賺大錢7【元氣早餐篇】	280元	路邊攤賺大錢8【養生進補篇】	280元
路邊攤賺大錢9【加盟篇】	280元	路邊攤賺大錢10【中部搶錢篇】	280元
路邊攤賺大錢11【賺翻篇】	280元		

■DIY系列

路邊攤美食DIY	220元	嚴選台灣小吃DIY	220元
路邊攤超人氣小吃DIY	220元	路邊攤紅不讓美食DIY	220元
路邊攤流行冰品DIY	220元		

■流行瘋系列

跟著偶像FUN韓假	260元	女人百分百：男人心中的最愛	180元
哈利波特魔法學院	160元	韓式愛美大作戰	240元
下一個偶像就是你	180元	芙蓉美人泡澡術	220元

■生活大師系列

遠離過敏：打造健康的居家環境	280元	這樣泡澡最健康：紓壓、排毒、瘦身三部曲	220元
兩岸用語快譯通	220元	台灣珍奇廟：發財開運祈福路	280元
魅力野溪溫泉大發見	260元	寵愛你的肌膚：從手工香皂開始	260元
舞動燭光：手工蠟燭的綺麗世界	280元		

■寵物當家系列

Smart養狗寶典	380元	Smart養貓寶典	380元
貓咪玩具魔法DIY：讓牠快樂起舞的55種方法	220元	愛犬造型魔法書：讓你的寶貝漂亮一下	260元
漂亮寶貝在你家：寵物流行精品DIY	220元	我的陽光·我的寶貝：寵物真情物語	220元
我家有隻麝香豬：養豬完全攻略	220元		

■人物誌系列

現代灰姑娘	199元	黛安娜傳	360元
船上的365天	360元	優雅與狂野：威廉王子	260元
走出城堡的王子	160元	殤逝的英格蘭玫瑰	260元
貝克漢與維多利亞：新皇族的真實人生	280元	幸運的孩子：布希王朝的真實故事	250元
瑪丹娜：流行天后的真實畫像	280元	紅塵歲月：三毛的生命戀歌	250元
風華再現：金庸傳	260元	俠骨柔情：古龍的今生今世	250元
她從海上來：張愛玲情愛傳奇	250元	從間諜到總統：普丁傳奇	250元

■心靈特區系列

每一片刻都是重生	220元	給大腦洗個澡	220元
成功方與圓：改變一生的處世智慧	220元	轉個彎路更寬	199元

■SUCCESS系列

七大狂銷戰略	220元	打造一整年的好業績	200元
超級記憶術：改變一生的學習方式	199元	管理的鋼盔：商戰存活與突圍的25個必勝錦囊	200元
搞什麼行銷：152個商戰關鍵報告	220元	精明人總明人明白人：態度決定你的成敗	200元

■都會健康館系列

秋養生：二十四節氣養生經	220元	春養生：二十四節氣養生經	220元
夏養生：二十四節氣養生經	220元		

■CHOICE系列

入侵鹿耳門	280元	蒲公英與我：聽我說說畫	220元
入侵鹿耳門（新版）	199元		

■FORTH系列

印度流浪記：滌盡塵俗的心之旅	220元

■禮物書系列

印象花園 梵谷	160元	印象花園 莫內	160元
印象花園 高更	160元	印象花園 竇加	160元
印象花園 雷諾瓦	160元	印象花園 大衛	160元
印象花園 畢卡索	160元	印象花園 達文西	160元
印象花園 米開朗基羅	160元	印象花園 拉斐爾	160元
印象花園 林布蘭特	160元	印象花園 米勒	160元
絮語說相思 情有獨鍾	200元		

■工商管理系列

二十一世紀新工作浪潮	200元	化危機為轉機	200元
美術工作者設計生涯轉轉彎	200元	攝影工作者快門生涯轉轉彎	200元
企劃工作者動腦生涯轉轉彎	220元	電腦工作者滑鼠生涯轉轉彎	200元

打開視窗說亮話	200元	挑戰極限	320元
30分鐘行動管理百科（九本盒裝套書）	799元	文字工作者撰錢生涯轉轉彎	220元
30分鐘教你自我腦内革命	110元	30分鐘教你樹立優質形象	110元
30分鐘教你錢多事少離家近	110元	30分鐘教你創造自我價值	110元
30分鐘教你Smart解決難題	110元	30分鐘教你如何激勵部屬	110元
30分鐘教你掌握優勢談判	110元	30分鐘教你如何快速致富	110元
30分鐘教你提昇溝通技巧	110元		

■精緻生活系列

女人窺心事	120元	另類費洛蒙	180元
花落	180元		

■CITY MALL系列

別懷疑！我就是馬克大夫	200元	愛情詭話	170元
唉呀！真尷尬	200元	就是要賴在演藝圈	180元

■親子教養系列

孩童完全自救寶盒（五書+五卡+四卷錄影帶）3,490元（特價2,490元）

孩童完全自救手冊：這時候你該怎麼辦（合訂本）299元

我家小孩愛看書：Happy 學習 easy go！ 220元

■新觀念美語

NEC新觀念美語教室12,450元（八本書+48卷卡帶）

您可以採用下列簡便的訂購方式：

◎請向全國鄰近之各大書局或上大都會文化網站www.metrobook.com.tw選購。

◎劃撥訂購：請直接至郵局劃撥付款。

帳號：14050529

戶名：大都會文化事業有限公司

（請於劃撥單背面通訊欄註明欲購書名及數量）

大都會文化 讀者服務卡

書名：精明人聰明人明白人——態度決定你的成敗

謝謝您選擇了這本書！期待您的支持與建議，讓我們能有更多聯繫與互動的機會。
日後您將可不定期收到本公司的新書資訊及特惠活動訊息。

A.您在何時購得本書：_____年_____月_____日

B.您在何處購得本書：__________書店，位於__________(市、縣)

C.您從哪裡得知本書的消息：1.□書店 2.□報章雜誌 3.□電台活動 4.□網路資訊
5.□書籤宣傳品等 6.□親友介紹 7.□書評 8.□其他____________________

D.您購買本書的動機：(可複選) 1.□對主題或內容感興趣 2.□工作需要 3.□生活需要
4.□自我進修 5.□內容為流行熱門話題 6.□其他____________________

E.您最喜歡本書的(可複選)： 1.□內容題材 2.□字體大小 3.□翻譯文筆 4.□ 封面
5.□編排方式 6.□其他

F.您認為本書的封面：1.□非常出色 2.□普通 3.□毫不起眼 4.□其他__________

G.您認為本書的編排：1.□非常出色 2.□普通 3.□毫不起眼 4.□其他__________

H.您通常以哪些方式購書：(可複選)1.□逛書店 2.□書展 3.□劃撥郵購 4.□團體訂購
5.□網路購書 6.□其他__________

I.您希望我們出版哪類書籍：(可複選)
1.□旅遊 2.□流行文化 3.□生活休閒 4.□美容保養 5.□散文小品
6.□科學新知 7.□藝術音樂 8.□致富理財 9.□工商企管 10.□科幻推理
11.□史哲類 12.□勵志傳記 13.□電影小說 14.□語言學習(　　語)
15.□幽默諧趣 16.□其他____________________

J.您對本書(系)的建議：____________________

____

K.您對本出版社的建議：____________________

____

讀者小檔案

姓名：__________ 性別：□男 □女 生日：_____年_____月_____日

年齡：□20歲以下□21～30歲□31～40歲□41～50歲□51歲以上

職業：1.□學生 2.□軍公教 3.□大眾傳播 4.□ 服務業 5.□金融業 6.□製造業
7.□資訊業 8.□自由業 9.□家管 10.□退休 11.□其他 __________

學歷：□ 國小或以下 □ 國中 □ 高中／高職 □ 大學／大專 □ 研究所以上

通訊地址 ____________________

電話：(H) __________ (O) __________ 傳真：__________

行動電話：__________ E-Mail：__________

如果您願意收到本公司最新圖書資訊或電子報，請留下您的E-Mail信箱。

03133
9497

大都會文化
METROPOLITAN CULTURE

精明人 聰明人 明白人
態度決定你的成敗

北區郵政管理局
登記證北台字第9125號
免 貼 郵 票

大都會文化事業有限公司
讀者服務部收
110 台北市基隆路一段432號4樓之9

寄回這張服務卡(免貼郵票)
您可以：
◎不定期收到最新出版訊息
◎參加各項回饋優惠活動